講談社文庫

わたぶんぶん

わたしの「料理沖縄物語」

与那原 恵

JN019993

講談社

わたぶんぶん
とは
沖縄の言葉で
おなかいっぱい
の意味です

もくじ

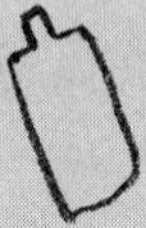

本文挿画／猫車配送所所長

ソーミンプットゥルー

まず、おいしい「あんだぁ」を用意することだね。とおばちゃんはいうのである。そうしなければすべて台無しだ。あんだぁ、つまり豚のあぶらである。あんだぁというのは単なるあぶらではない、沖縄料理の根幹、これをおろそかにしてはならぬ。

おばちゃんとは、大嶺《おおみね》ヨシ子である。新宿・成子《なるこ》坂下のちいさな沖縄料理屋「壺屋」の店主である。はじめてその店をおとずれたのはわたしが二十代なかばのころだから、おばちゃんは六十代なかばだっただろう。東京に沖縄料理屋はかぞえるほどしかなく、壺屋のことを知って姉とのぞいてみたのだ。八人も座れば満杯という店だった。小柄でちょっとふとめ。真っ白いかっぽう着。髪はガチガチのパーマをかけて、無愛想なおばちゃんがいた。店はお世辞にもきれいとはいえず、壁に飾ってある真っ赤な沖縄の花を描いた油絵の汚れぐあいが店の年月をしのばせた。

おそるおそる座って、まずはビールでもといったら、そこの冷蔵庫からじぶんで出して、のんだ瓶はそのまま置いておく、あとで計算しやすいから、とのこと。はーい、と従ってのみだした。なにたべるの、とそっけないおばちゃん。でもわたし、こういう女のひと好きだなあ。

ひとにこの店を教えられてきてみたんですよ、といっても「ああ、そうね」ととくべつ興味がないみたい。あとでわかったのだが、おばちゃんは極度のハジカサー(恥ずかしがり屋)で、初対面の客とどう口をきいたらいいのかわからないひとなのだ。客商売をしていてよいのだろうか。

おねがいした豆腐チャンプルーをたべておどろいた。すごくおいしい。豆腐はしっかり炒りつけてあるし、あぶらの甘みがほのかにあって、さっぱりした味つけ。おいしいです、といってもおばちゃんはウンというだけ。

それから、じっとわたしたちの顔を見て、あんたたち沖縄の子なの？　と訊く。そうですよ、わたしたちは東京生まれだけど両親は沖縄人。「ああそうなの、お父さんとお母さんの名前はなんというの」。父の名をいって、母は南風原里々《はえばるりり》というのですけど、両親ともずいぶん前に死にました……と話したとたん。

おばちゃんは「あんたたち、里々ちゃんの娘なの」とものすごく大きな声でいって、こちらがびっくりしてしまった。さらにカウンターにあった徳用マッチを箱ごと投げつけて、そのあとウェーンと泣き出したのだ。どうしたの、母のこと知っているのですかと聞いても、ウェーンと泣いたまま。そしてやおら顔をあげて「コップにビールをつぎなさい」。

ぐいとのみほし、ひとごこちついたみたい。里々ちゃんはね、戦前に沖縄の女学校にかよっていたころから知っていたんだよ、東京にきてからも顔を合わせた。亡くなったことは聞いていたけどね、その娘がくるなんてさー、おどろくよ。あんたは里々ちゃんによく似ている。うん、そっくりだよ。

こんな衝撃的な出会いでわたしは壺屋にかようようになった。おばちゃんの料理はどれもおいしくて、とくにソーミンプットゥルーは絶品だった。ゆでたソーメンを炒めてニラなどをちらす一品。よくソーミンチャンプルーといわれるけれど、厳密にいうとちがう。「プットゥルー」はでんぷん質のものがどろどろになった感じをあらわす。チャンプルー、さっと合わせる炒め物とはちがうのだ。ソーメンはゆでてからしばらく冷蔵庫で乾かしておく。火力をつよくせず、ほどよくあぶらが染みこむようになじませる。仕上げに海苔と錦糸卵、紅ショウガを添えるのがおばちゃん流だ。こんなにおいしいのたべたことない、というと「あたりまえだろ」とこれまた乱暴なお答えである。

ソーミンプットゥルーの味のキメテはあんだぁである。このあんだぁはね、上等な豚のあぶらみを大量に鉄鍋でとろとろ煮つめてつくっているんだ。ホーローの壺に入れたあんだぁが店の宝物なんだよ。売っているラードなんて使わないよ。ソーミンプットゥルーはあんだぁを味わう料理。そうなんだ、これからも沖縄料理のこと教えてよと頼むと、まあ里々ちゃんの娘だからね、秘密を教えるよと笑った。

沖縄料理の手づくりの味わいをあらわす言葉に、「てぃあんだぁ」つまり「手」のあぶらというのがある。お母さんの手のあぶらが料理をおいしくする、という意味だ。おばちゃんのてぃあんだぁも上等さあ。そういえば、もうひとつ沖縄言葉に「あんだぁぐち」というのもある。あぶらの「口」、意味はお世辞がうまい、である。おばちゃんの口にあんだぁはまったくついていない。ちょっとはつけたらといってみたいけれど、きっとぶたれる。

ぽうぽう

わたしの父は料理が上手なひとだった。台所に立つと、ささっとひとつやふたつの料理ができる。野菜の炒め物や煮物。父の趣味は川釣りだったから、魚がたくさん釣れたときにはさばいてアツアツの天ぷらが食卓にならんだ。家でずっととっていた「暮しの手帖」を愛読していて、レシピに添った料理も登場した。おぼえているのは「アイルランド風シチュウ」だ。ラム肉のかたまりとじゃがいもをコトコトと大鍋で煮込んだ味は忘れられない。とろけるようないもに肉の味がよく染みていた。

父が料理好きなのは、ものをつくることが得意というほかに切実な理由があった。彼の妻、つまりわたしの母が料理下手なのである。母は病弱で入院している時期もながく、家にいてもてきぱきと家事をする体力もなかったのだけれど、体調のよいときにつくる料理もおいしいというにはほど遠いものだった。さばの味噌煮をつくっていて、なんだか甘くならないわといいながら、足している調味料が塩だということに気づかないほどである。

父と母は十代のころに沖縄で知り合った。じつはふたりをいずれ結婚させようと、母方の祖母が仕組んだ出会いだったようだが、そのときには会ったきりでおわったらしい。十五歳の母と十九歳の父だった。それから四年ほどたってふたりは再会し、成長したたがいに、恋にちかい感情がめばえた。

それから一年ほどして母は放送局の出演者募集に合格して上京する。「子供の時間」という番組で童話の朗読などもしたという。そのころ、東京と沖縄で手紙がやりとりされて、恋ははっきりとしたかたちになり父は母を追って東京へむかった。そのラブレターをずっと母はもっていて、熱愛だったことがのちにわかった。ふたりが結婚したのは昭和十六年五月のことだった。父は首里の旧家の長男だったから当時の沖縄社会では家を捨てたもどうぜんの上京、結婚だったようだ。ずっと椎名《しいな》町《まち》の長屋に暮らし、わたしはそこで生まれそだった。

婚約中にね、わたしはお料理が得意ではありませんといったのよ、そうしたらお父さんは「ぼくは金魚の天ぷら以外なら何でもたべます」といったのよ。と母がいう。すると父は、そうだけれどね、これほど下手とは思わなかったよ。ぼくは感心しているんだよ、同じ材料を使ってなぜあれほどまずくなるのか、と笑った。母はじぶんも父のようにしょっちゅう外食する機会があれば、料理もうまくなるといいはるのだが、そういうモンダイではないことは子どものわたしにだってわかっていた。母が料理下手なのは、じぶんでつくる気がない、そのことにつきるのだった。年に何度か家族そろって和食の店に行くと、母はお皿や盛り付けを誉めてから箸をとっていて、外食が大好きだったことがわかった。

父はよく沖縄料理をこしらえた。四十年もむかし、ゴーヤーなど東京で手に入れることはできなかったので沖縄から種をとりよせてちいさな庭でそだてていた。夏、葉っぱが繁り、実が大きくなる時期になると、家の前を通りかかるひとの声が聞こえる。あら、このヘチマ病気かしら、実がぶつぶつしている。それを聞いて、今年も同じことをいわれたねと笑った。

父はゴーヤーチャンプルーもつくってくれたけれど、この苦みは幼いわたしには味わえない。父は沖縄ではヘチマ（ナーベラ）もたべるというので、そればかりはカンベンしてもらいたいと思ったものだ。からだをゴシゴシ洗うヘチマでしょ。わたしがゴーヤーやヘチマの料理が大好きになったのは、両親とも他界したあとだ。わたしが大人になる日まで、父と母は生きていなかった。

父がつくった沖縄料理で思いだすのは、なんといっても「ぽうぽう」である。お菓子のようなものだ。小麦粉を水で溶き、卵をくわえる。しばらく寝かして、フライパンで薄くのばして焼く。クレープに似ているけれど、もっとこぶりでモチモチとした食感をのこすように焼きあげる。そして、甘味噌などを芯にして、くるくると巻き上げる。これを皿に四つ五つとならべてできあがり。ぽうぽうは火加減がとてもたいせつだ。弱めの中火といったところがベスト。そうすると、ちりめんのような皺が浮かびあがり、とてもきれいなのだ。

もうひとつ、ぽうぽうによく似ているのが「ちんぴん」である。こちらはさきほどの小麦粉、水、卵に、砂糖をくわえる。黒砂糖を入れれば、陽に焼けた沖縄少女の肌のような色になるし、白砂糖のちんぴんは雪国の女の子の肌のよう。わたしは黒砂糖入りのものがコクがあって好きだったが、どちらにしても砂糖を足すと、焼きあがりの表面はぶつぶつとこまかい穴があいた模様になって、これもまた美しい。

ぽうぽうもちんぴんも、丁寧にゆっくり焼きあげる。あわててつくってはなめらかな口ざわりにならない。思いだすのは、夏の日曜日の午後、うるさい兄や姉が外に遊びに行って、狭い長屋のわが家でさえのんびりとした空気がただよう時間である。五人きょうだいの末っ子のわたしは父にとくべつにかわいがられていたから、父がわたしのためだけにつくってくれるお菓子なのである。兄や姉にはナイショにしておこう、と十歳のわたしが優越感にひたるときでもあった。

縁側に腰掛けて足をぶらぶらさせていると、台所から甘い匂いとあぶらのかおりがただよってくる。わたしは「茶飲みばあさん」とあだ名されていたほど日本茶好きの子どもだったのだけれど、お湯がたっぷり入った急須も用意して、父がつくるぽうぽうを待っていた。

庭に鳳仙花の花が咲いている。この花を沖縄では「てぃんさぐぬ花」といい、その題名の民謡もある。むかし、鳳仙花は女のひとの爪をマニキュアのように染めるもので、このように親のいうことも胸に染めなさいという歌詞である。そんな意味を知らず、母に教えられたとおり口ずさんでいると、父がぽうぽうをはこんできてくれる。

ぽうぽうという音の響きはその味のように甘くやさしい。父のようにわたしを愛してくれるひとはこの世にほかにいない、そのことをわたしは知っていたと思う。

ビーフン

母のことを料理が下手なひとと書いたけれど、だめな母親というわけではない。母は洋裁や編み物がとてもじょうずで、ふだんの洋服はほとんど手作りしてくれたし、よそゆき用のレースのブラウスや冬のセーターも編んでくれた。正月の着物、夏のゆかたも縫った。学校にもってゆく道具袋やハンカチにもかわいらしい刺繡をほどこしてくれた。ここにちょっと立って、といわれると母が巻き尺をあてて背中や腕の長さをはかってくれる。すこし伸びたわね、といいながらノートに書きこんで、それから新聞紙などを使って型紙をおこす。巻き尺をもちながらわたしの背中にあたった母の指の感触を忘れられない。

病弱だったのでからだを動かすことはできなかったけれど、座ったままの仕事なら得意だった。母の指は長く、針を動かして一枚の布が服になり、編み棒をあやつり、しだいに模様が浮き出る様はなんだかふしぎな魔法のようで見ているだけでも楽しかった。

編み物をしながら母はむかしの思い出話をよくしてくれた。その多くは台湾・台北ですごした少女時代のことだった。それはなかなかドラマチックな話だ。

母の父親、わたしの祖父は明治のなかばに那覇で生まれ、沖縄に創設されたばかりの医師を養成する学校に入学し、明治さいごの年に上京して日本医学専門学校に編入し医師の資格をとった。

のちに沖縄で知り合った妻も上京しているけれど、彼女は島村抱月と松井須磨子の「芸術座」に籍をおく舞台女優になった。大正六年、端役で芸術座の公演にも出演している。この祖母は当時の沖縄女性としてはおどろくべき行動力のひとだったと思われ、主役をはることはなかったものの沖縄人舞台女優第一号となった。祖母は、はじめての子となる母を宿したのだが、そのさなか祖父はロシアにわたってしまうのである。

祖父の叔父にあたる人物がやはり医師でニコリスクという町で医院を開業してお

り、そのさそいにのったらしい。シベリアと呼ばれた地域で、ウラジオストクから内陸に百キロ入った町である。それはロシア革命の年だった。このころ、鉄道敷設工事のため、日本人も五百人ほど居住していたというから、日本人相手の医院だったのだろう。ロシア革命がこの土地にも波及するさまを祖父はおもしろおかしく語っていたというが、やがて日本のシベリア出兵があり、この地区も戦闘となり、祖父は二年後に帰国した。

那覇で二歳になったわが娘と妻、親子三人の暮らしがはじまるはずだったのに、祖母は病のために死んだ。まだ二十代なかばだったらしい。そして失意の祖父は娘を連れて台湾にわたった。当時、日本統治下にあった台湾は医療設備の充実がはかられ、最新の医学の場であったことが魅力だったのだろう。煉瓦づくりの豪奢な台北医院は、東洋一といわれた医療施設で、祖父はこの医院勤務を皮切りにし大正十三年には自らの医院「南風原医院」を台北市・児玉町に開業した。医院と住まいをかねたこの家で母は成長する。祖父は開業後まもなく千葉出身のひとと再婚している。

母は実母の記憶もなかったけれど、継母とのおりあいはよくなかったようだ。そこで祖父の母親がいた沖縄と台湾を行き来しながら暮らし、小学校と女学校時代は那覇ですごしている。母は第二高女にかよい、このころ父と出会ったのだ。そして若い母を知っていると泣いた新宿「壺屋」のおばちゃんは、第一高女の生徒で一歳年上の「里々ちゃん」を知ったという。

母は台北にもどり、私立の台北高等女子学院で学んだ。母の洋裁の技術はここで身につけたものらしい。このころが母にとってはもっとも楽しい記憶だ。芸術好きの祖父の医院は台北にいた若い演劇人、画家、詩人などがあつまるサロンのようになった。祖父の弟の南風原朝光《はえばるちょうこう》は画家で、母はこの叔父さんが大好きだった。南風原医院ははぶりもよかったのだろう。家には料理人がいたというし、たべものに贅沢な祖父が台北市内の料亭や洋食や中華の店に母を連れて行った。

母は家庭のなかで料理を教わることもなく、舌だけがこえたのだから、つくるのは苦手なままだったのもいたしかたないのかもしれない。料理下手だったけれど、ひとつだけ得意なものがあって、それはおいしかった。

台北仕込みのビーフンである。豚の細切れ、玉ねぎ、にんじん、ニラなどを炒め、すこしスープをはって、水でもどしたビーフンをくわえてまぜる。肉や野菜の味が麺にからまって、絶品だった。このつくりかたは南風原医院にいた料理人にならったという。麺がくたくたにならないように、ほどよく仕上げるのは難しいと思うのだけれど、母のビーフンはとてもよくできていた。火の加減もうまく、たくさんたべてもあきないサッパリとした味つけになっていた。中華料理店のような野菜のシャキシャキ感はなかったが、それが家庭料理らしいビーフンになった。わたしにとっては見知らぬ遠い土地の料理だったけれど、母にとってはもっとも楽しい少女時代を思いおこさせるビーフンだったはずだ。

母はわたしが十二歳のときに死んだ。わたしがはじめて台北をおとずれたのは、母が死んで三十数年もすぎてからだ。母に聞かされた台湾の話を手がかりにして、二万人いたという日本統治下の台湾の沖縄人について書こうと考えたのだった。そのときアルバムにのこされた祖父の南風原医院を探してみようと思った。けれど木造の建物だし、すでに八十年をへているから失われているだろう、せめてその跡地でも行こうと戦前の地図をたよりに歩いた。

現在の区画はその当時とほとんど変わりはなかったが、道筋をまちがえたらしく、場所が特定できない。あきらめたそのときに、台湾人の男のひとに声をかけられた。うろうろと歩いているので、何をしているのかとあやしまれたのである。あわてて、ふるいアルバムを見せて、この祖父の病院を探しているのです、もうないですね……といったとき、そのひとが「これ、わたしの家です。この道のすぐ裏手ですよ」というのだ。戦後、彼の祖父が買ったその家でこのひとはそだったが、すでに住まなくなって二十年になる、落ち葉やゴミを片づけるためにひさしぶりに立ちよったところだという。

おどろいて案内してもらうと、そこにアルバムどおりの南風原医院がのこっていた。外観を印象づける三つの大きな窓。そして中にも入れてくれ、母がよく語っていたとおりの室内を見ることができた。診察室のあと、祖父の書斎、応接間……。台所に、どっしりとした木の食器棚があった。現在のもち主がいうには、その食器棚は建てられた当時のままのつくりつけなのだという。ということは、母が使った食器棚だ。母はこの台所でビーフンのつくりかたをならったのかしら。

すでに朽ちはてていた建物だけれど、わたしには、ひとの出入りもにぎやかで華やいだ南風原医院の情景が目に浮かぶようだった。椎名町の家でたべたあのビーフンの記憶が、わたしをここに連れてきたのだろう。そのひと皿をつくってくれた母は、ほんとうは料理が上手なひとだったのかもしれない。

うからいりちー

これだ、これだ。この味だ。ねっとりした舌ざわりとコク。マドレーヌを紅茶にひたして遠い過去を思いだすという小説があるけれど、わたしが口にしているのは「うからいりちー」、「おから」の料理である。いりちー、とは炒め煮のことで、沖縄にはさまざまないりちー料理がある。

おからの煮物なら日本のどこにでもあるでしょう、といわれそうだけれど、沖縄のそれはひと味ちがう。ゆでた豚肉やしいたけ、キクラゲ、にんじん、かまぼこなどの具材をたっぷりのあんだぁで炒め、さらに豚のゆで汁のダシでおからを煮ふくめるのである。丁寧につくるならば、おからは蒸しておき、くさみをとっておく。日本のどこにでもある材料なのに、沖縄ふうの「あじくーたー」、味が濃い、コクがあって深い味の、うからいりちーになるのである。

これをたべているのは、池袋の西口にある「おもろ」という店である。小学生のころから父に連れられてよく行った。戦後まもない昭和二十三年にできた店で、都内にはめずらしい沖縄料理屋だったのだけれど、父がこの店に入ると、ふだんはほとんど使わないウチナーグチで話しだし、顔みしりの客と話題がつきないようだった。泡盛の匂いがぷんとただよい、上機嫌な父の顔を見ながら、わたしはオレンジジュースをのんだ。

手がすいたのをみはからってご主人に話しかけてみた。むかし、ここによく来たのですよ。母方の大叔父が南風原朝光という画家なのですが、この店で詩人の山之口貘《やまのぐちばく》と毎晩のようにのんでいたと聞きました。するとご主人は、チョーコーさん、よくおぼえていますよ。親父が店をやっていたころ、昭和の二十年代は毎晩のようにいらして、うたったり踊ったりなさっていました。バクさんとね、楽しそうでした。みなさん亡くなってしまいましたね。

南風原朝光は那覇や、彼の兄であるわたしの祖父のいた台湾や、東京などに暮らして絵を描きつづけた。東京では昭和十五年から二年ほど池袋界隈にあった画家村

「池袋モンパルナス」近くに住んでいる。わたしの両親が池袋のとなり町、椎名町に暮らすことになったのも朝光をたよってのことだろう。

朝光は池袋モンパルナスで多くの画家たちと知り合い、熊谷守一や寺田政明らとともに「池袋美術研究所」の講師をつとめたことがあるようだ。沖縄とのつながりでいえば、十三年に藤田嗣治を沖縄に案内したことが功績かもしれない。池袋を根城に画家仲間とのんでいた朝光が、ひさしぶりの帰郷をしようと友人の画家たちをさそい旅費の相談をしていた酒場にヒョイとあらわれた藤田が、おもしろそうだからボクも行こうということになった。そして、ほんとうに藤田は沖縄旅行にくわわり、ひと月ほど那覇に滞在して沖縄をテーマにした作品を描いている。とても気さくな人物で、沖縄の若い画家に技法を教え、新聞社に乞われて講演をし、また琉球さいごの王の四男で趣味人として知られた尚順《しょうじゅん》の屋敷に招かれている。

朝光は上京前から親しかった山之口貘との交友が深く、彼の詩にさし絵なども描いているけれど、誰よりも気の合う友人だったらしい。このふたりに、石垣島出身の詩人・伊波南哲《いばなんてつ》をくわえた「三羽ガラス」は、沖縄の文化芸能を知らしめたいという思いがつよくあり、琉球舞踊の公演会などを催していた。おもろをはじめたいまのご主人の父親は沖縄出身の新聞記者であり、二十七年に東京で結成された「南島研究会」の主要メンバーとしても活躍した人物だ。この店も当時ヤミ市の池袋にあっては贅をこらしたつくりで、沖縄文化へのあつい思いがあってのことだろう。

わたしの家では朝光を「絵描きのおじさん」と呼んでいた。わたしが三歳のときに沖縄で死に、わたしには記憶はないが、両親がよく語っていたので、まるで会ったことがあると思えるほど身近な存在だった。小学生のとき、石神井《しゃくじい》公園で写生をしていたことがある。学校の行事だったのだが、桜の木をクレヨンで描いていると、一杯機嫌のおじさんたちがちかよってきて、もっと大きく、ぜんたいを描きなさいといって、わたしのクレヨンをとりあげるのである。昼間から酒くさくて、いやだな、と思ったけれど、そのおじさんは画家のようだ。

そしてわたしの顔を見つめて、きみは沖縄だろ、というのだ。そうです。わたしのおじさんも絵描きなの、南風原朝光。といってみたら、そのおじさんはものすごくおどろいて、チョーコーはよく知っていたよ。沖縄に帰るまえは石神井に住んでいたからね。あれは酒のみだった。よし、チョーコーの血筋なら、おじさんがとくべつに描いてあげよう、これで一等賞だ。とか勝手なことをいって、どんどん描くのである。もちろん、それはうますぎてあとで教師に叱られたのだけれど。家に帰って母にそのことを話したら、とてもうれしそうだった。そう、朝光おじさんをおぼえているひとがいるのねえ。

おもろの、うからいりちーをたべていると、つぎつぎと思いだす情景がある。わたしは子どものころからのみ屋の雰囲気が好きだった。マジメな大人がどんどん酔っぱらって、ヘンなことをしたり、笑いころげたり、うたったりしてオモシロイ。おんなじこと何度もいっている。いいなあ、大人になったらこういうことできるんだ、と思った。そのねがいはかなえられ、わたしはノンベエになった。たぶん朝光や父といい勝負だろう。おもろのうからいりちーは泡盛によく合い、記憶をよびさますふしぎな料理だ。

南風原朝光の絵の一点はいま沖縄県立美術館にある。彼の絵の特徴である深い朱色がきわだつ「サモアールのある静物」と題された作品だ。わたしの祖父、朝光の兄がロシアからもちかえり、台北、そして戦後の沖縄で大切にしていた湯沸かしの道具サモワールを中心に構成している。けれども、美術館のまっ白なピカピカの建物に、この絵はあまり似合っていないと感じた。おもろの店内の壁だったら、ぴったりだろう。サモワールの手前には沖縄の酒器カラカラがあって、絵描きのおじさんのノンベエぶりがしのばれるのである。このひとに会ったこともないわたしが、六十年後におなじ店で、うからいりちーをつまみながらのむのも、血筋ということにしてもらおう。

みぬだる

椎名町の家はほんとうにちいさな家だった。コの字に並んだ長屋で、まんなかに庭があり、おくには共同で使うポンプ式の井戸があった。玄関はいつも開けはなしてあって、夕食は何かさえわかってしまう。ヨナハラんちはカレーか、でも水っぽいカレーだな、そういいながら家のまえを通りすぎるのは近所のワルガキであった。家族が多いから量をふやそうと水を足して薄いカレーになるのも匂いでバレてしまう。

この家はよくひとがきて、宴会になることもしばしばだった。父は都庁につとめる公務員だったのだが、同僚や父の釣り仲間、近所のひと、そして沖縄から上京して東京に暮らす友人たちが来てはにぎやかな夜となるのである。わが家は貧しいのだけれど、宴会となると何はさておき大いに楽しむことになっていて、贅沢なものではないが料理とお酒を用意する。父も母もそういうことが好きだったのだ。明日は明日の風が吹くとヤケになっていたのかもしれない。

母も楽しいおしゃべりにくわわり、ときにはオルガンを弾いてお客さまをよろこばせた。ちいさなオルガンがあって、唱歌やドイツ民謡、沖縄民謡などつぎつぎと弾いた。譜面などなくても弾けるようで、その伴奏にのってみんなでうたうのである。いまならうるさいと警察に通報されてしまうのだろうけれど、いい時代だった。その宴会のさなか、衝撃的な場面があった。

父は家にいるとき、夏ならゆかた、冬ならば丹前でくつろいだ。家での宴会だからその姿だ。そして、母のオルガンの音色のなか、すっとふすまの蔭にかくれたかと思ったら、ふたたび出てきた。そのとき、父は帯を胸のあたりまであげていて、さらにはふたつに折ったワリバシを鼻の穴にそれぞれつっこんで登場し、音楽に合わせて珍妙な踊りをして、ふたたびふすまの向こうに消えたのである。わたしは驚愕した。彼に何がおこったのだろうか。父は読書好きで、もの静かなひとだと思っていたから、そんな「芸」ができるとは知らなかった。いま考えると、あれは「天才バカボン」にヒントを得たのではないかしら。このバカボン芸がときはなたれた日から、父はときおりこれをやってはみんなを笑わせてくれたのである。

こんな家にそだったわたしは宴会好きになって、いまにいたる。住まいはずっとちいさなアパートだけれど、ひとを招くのは楽しい。友人たちも部屋が狭いのは承知なのだが、料理がまあまあおいしいので来てくれるのだろう。母の料理下手に危機感をおぼえ、自分でやるしかなかろうと決意したわたしは小学生のころから家の食事をつくり、いまも料理だけはまったく苦にならない。「暮しの手帖」を読んであたらしい料理にチャレンジしたのは、健気な小学生というより、ガチマヤー（食いしん坊）だったからだろう。安いものだけれど食器をあつめるのも好きなので、十五人までの宴会なら対応できる。もっとも、それほどの人数が入る広い部屋に暮らしたことは一度もないのだが。

宴会がきまると、メニュウを考えるのが楽しい。かんじんなのは、宴会のさいちゅうに台所に立ちっぱなしにならないように、あらかじめ準備して順番に出せるようにしておき、わたしじしんが宴会を楽しめるようにくふうしておくことだ。そうでなければ、宴会をする意味がない。

友人たちに評判がいいのはやはり沖縄料理だ。まずさいしょに「スクガラス」を出す。スクガラスのスクとは、あいごという三、四センチほどの稚魚である。旧暦の五月末の大潮の日、リーフにちかい浅瀬に群れをなしてやってくるさまは海が銀色に光るほどだといわれている。このスクを塩辛にしたものがスクガラスで、水をよく切った五センチほどの木綿豆腐の上にかわいく並べる。冷蔵庫に冷やしておいて、宴会スタートと同時に登場である。これは白い豆腐の美しさをいかすために、墨色のおおぶりの皿にする。プチトマトをスライスしたものやイタリアンパセリを添えて、おめかしするのもいい。スクガラスはやや骨っぽいけれど、塩味がきいて、くいくいと泡盛やビールがすすむ。

つぎは藍の染めつけの鉢に盛った「シブイ」の煮物。シブイとは冬瓜のことで、沖縄の町角ではごろんと大きなまま売っている。煮物、蒸し物、砂糖漬けなどいろいろな料理があるけれど、ダシをよく吸うので、肉などとあわせた煮物がいい。山盛りつくっても水分の多い野菜なので、いくらでもたべられる。わたしが好きなのは、鶏の挽肉にエビをたたいてまぜ薄く塩味をつけた団子にしたものと煮る一品だ。エビは食感がのこるくらいちょっと大きめにしておいたほうがいい。火がとおって透明な翡翠色のシブイにエビの赤がちらりと見えて、なかなか美しい。たくさんの千切りのショウガを入れて煮て冷やすと、夏にぴったりだ。

　もうひとつは、「スヌイ」の天ぷら。もずくである。よく酢の物などになるけれど、わたしは天ぷらがおいしいと思う。といっても、沖縄ふうにコロモは小麦粉を多くしたフリッターのようにしなければだめだ。スヌイの塩味がよくて何もつけずにたべられるが、甘めの天つゆもいい。ワンパックのスヌイでもおどろくほどの量ができる。この料理は沖縄の素朴なやちむん（焼き物）にドンと盛る。

　そしてメインは「みぬだる」である。別名、クルジシ（黒肉）と呼ばれるお祝いの料理である。これはほんらいとても手間がかかるものだ。なにしろ大量の黒ごまを煎って、すり鉢であぶらが出るまですりつぶさなければならない。そこに砂糖、みりん、醬油をまぜたタレをつくり、ここに五ミリほどの厚さの豚ロース肉を二時間ほど漬けこむ。そして蒸しあげるのだ。

　黒ごまをすりつぶすというのがたいへんである。何とかズルする方法はないものか。そこで、瓶詰めで売っているごまペーストで代用することにした。ここに調味料とすこしの泡盛をくわえて肉を漬けても、まあまあイケる味になった。かんじんなのは蒸す時間だ。火をとおしすぎると肉がかたくなっておいしくない。肉のまんなかあたりに、まだ火が入らないくらいでおろして、あとは肉じたいの余熱にまかせるとよいようだ。

みぬだるは黒い料理なので、これをひきたたせるために、真っ赤な沖縄の漆の皿に盛ることにしている。沖縄の漆器はさまざまな技法がアジア諸国より伝えられ、とりわけ朱色のものは本土よりあざやかさがきわだつ。二十数年前、那覇で見かけてちょっと無理して購入したものだが、丁寧にあつかえば色はまったく変わらない。三十センチほどの大きな皿の中心に、みぬだるをちょこんと品よくおいて、つけあわせに薄くスライスしたゴーヤーを塩でさっと炒めたものを添える。真っ赤な皿に、黒い肉、あおあおとしたゴーヤーがよく映える。これをさいごにジャーンと出すと、おお、という声があがるのである。

この四品が定番で、あと二、三品も用意しておけば満足してもらえる。どれも宴会の時間に合わせて午後に準備しておけばよいものばかりで、さめてもおいしいというところも宴会向きである。そしてお気づきのように、さほどむずかしい料理ではないが華やいで見える「目くらまし」の料理なのである。こうしてわたしは宴会メンバーの誰よりものみ、たべ、ばか話に花を咲かせるのだ。父も母もよき教育をほどこしてくれたと感謝している。いつか、バカボン芸もやってみたい。

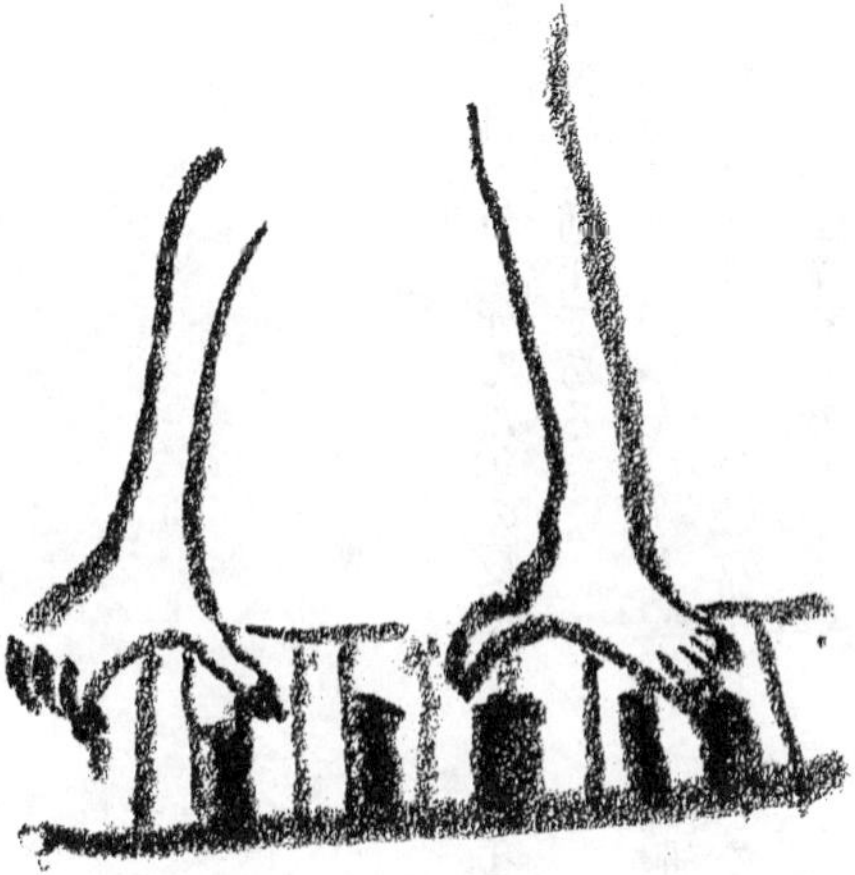

すば

はじめて沖縄に行ったのは、母が死んだ年の夏だった。昭和でいえば四十六年、一九七一年、沖縄の本土復帰の前年である。

母もうれしそうに見ていたできあがったばかりの中学の制服をはじめて着たのは三月の母の葬式の場だった。クリスチャンの母の葬式は教会でおこなわれ、賛美歌と母が好きだった百合の花にかこまれて旅だっていった。

父の一族の墓は識名《しきな》の霊園の一角にある。かつては那覇の市街地に亀甲墓《かめこうばか》と呼ばれる沖縄独特の一族の墓があったのだが、那覇市の区画整理によって移転することになった。識名の霊園にはずらりと墓がならぶが、それも沖縄ふうの大きな墓ばかりで本土とはずいぶんたたずまいがことなる。そのなかの破風型の墓のなかに母は眠っていた。

墓前にはひろく場がとられていて、旧暦の三月には「清明祭《しーみー》」という行事がある。どこの墓の前にも一族があつまり、重箱に詰めたごちそうをひろげ半日をすごすのだ。もともとは十八世紀ごろ中国から伝来した風習で「門中《もんちゅう》」という血縁集団が家の歴史を口承してゆく場だったらしいのだけれど、先祖に感謝し、一族のぶじをたしかめあい、ごちそうをたべ、サンシンの音色なども響くパーティーのようなおもむきである。

はじめて墓に手をあわせた日は、清明祭の時期をとうにすぎて静かだったけれど、心地よい風が吹きわたり、母もやすらかに眠っているように思われた。台湾、沖縄、東京で暮らし、戦争や貧しさ、病いに悩まされた彼女の後半の人生はつらいことも多かったはずだけれど、どこか明るさをもっていて、それがすくいだった。

わたしは那覇の父方の祖父母の家に泊まり、母が語った場所などあちらこちらと出かけた。いまでは那覇の様子もずいぶんと変わったけれど、はじめての印象は強烈だった。まず、その匂いである。南島の植物の匂いがただよい、湿気をもった風。まだ河川は汚れたままになっていて、どぶ臭い匂いがしたけれど、見たこともない青く高い空が美しかった。夜になれば、パパイヤが植えてある祖父の家の庭にもじんじん（ホタル）の光が見える。

でも、何よりもおどろいたのは、沖縄人の顔だった。どこを歩いても、わたしと同じような顔をしたひとたちがいるのである。両親とも沖縄人なのだから、あたりまえといえばあたりまえなのだが、東京でじぶんに似た顔のひとになど会ったことがなく、やはりわたしは沖縄の子なのだと実感したのであった。

市場を歩くのも楽しかった。その時代の夏にはいまのように本土の野菜が売られておらず、ゴーヤー、シブイ、瓜などがごろんごろんと山積みになっている。トマトやレタスなどまったく見かけなかった。にんじんもほそくて黄色の長いものだったし、菜っ葉のたぐいは名前もわからない野菜ばかりだった。市場の一角ではおしゃべりに花を咲かすおばあさんが手をやすめることなく、モヤシのひげをとっているのもめずらしい光景だった。じっと見ていると、おばさんが話しかけてくるのだけれど、それがわたしにはまったくわからないウチナーグチだった。

真っ青な色をした魚、カタマリで売っている豚肉、どれにもおどろいたが、支払いはドルなのである。沖縄ふうに髪を結って、夏の着物をつけたおばあさんが、ドルやセントを使いこなして買い物をしているのもふしぎだった。

市場のなかでとりわけ目をひいたのはアメリカ製のお菓子、缶詰などだ。大きな箱に入ったチョコレート、クッキー、ポークランチョンミート。薄暗い市場のなかで、それらの商品は強烈な色をはなっていたのである。そういえば、祖父の家でも朝食はパンだった。リプトンのティーバッグの紅茶、瓶詰めのアメリカ製ウィンナソーセージを焼く。キャベツの千切りに添えられるのはマヨネーズとトマトケチャップをまぜ合わせたソースだった。このころ八十七歳の祖父は、琉球王国の士族家系をつぐ者らしい威厳のあるひとだったけれど、朝食はすっかりアメリカンになっていたのである。

わたしの父が母を追って上京し結婚したことに、祖父がわだかまりをもっていたことも、このときに知った。派手で目立つ存在だった母と、じぶんの長男の結婚は受け入れられるものではなかったらしい。息子がお金のやりくりが下手な妻に苦労させられていることもさっしていたのだろう。それでもこの祖父は孫たちのために沖縄からアメリカ製のお菓子をおくってくれたものである。銀紙につつまれたハーシーのチョコレート、とてつもなく甘いヌガー、チョコレートがたっぷりかかったクッキーの大箱など、当時の東京でもめずらしいものだったから、沖縄からの小包はほんとうに楽しみだった。

けれども、じっさいにきてみると沖縄本島には広大な米軍基地が想像以上にあることにわたしはおどろいた。車で中部にむかって走るとまわりは米軍基地だらけなのである。反基地闘争や復帰運動はニュースで知っていたけれど、この広大な基地の現実を目のまえにして、その事態がようやくわかったのだった。

その夏、祖父の家では節水のため給水制限がされていた。一日に水が出るのはわずかな時間で、そのときには家じゅうのポリバケツに水をためたのだ。けれども米軍基地では青い芝生にたっぷりと水をやる米兵家族の姿が見えたのである。わたしは、いいようのない怒りの感情をもった。大好きなアメリカ製のお菓子も、この米兵家族のわがもの顔のふるまいに似た、図々しい味のように思えたのだった。

滞在しているなか、あぶらっこい料理にすこしあきて、蕎麦をたべたいと祖母におねがいしてみた。出前をたのめないかな、とねだったら祖母は「すば、ね。こっちは出前はないよ。そこの食堂にあるからもらってきてあげよう」というのである。ひさしぶりにざる蕎麦をつるつる、ともくろんでいたわたしは、その「すば」

の登場にびっくりした。もちろん、いまではよく知られている「沖縄そば」である。こぶりのどんぶりからのぞいているのは黄色の麺。かつおぶしと豚肉からとったダシ。麺は、灰と水でとったアク汁で練られたもののようで、独特の匂いもする。うえにのった甘く煮た豚肉と薬味のちいさなネギ、紅ショウガ……。

塩味の熱いスープにコシがつよい麺。それはまったくたべたことのない味だった。おいしいのか、おいしくないのかさえ、よくわからなかった。そういえば父がときおり沖縄のそばがたべたいといっていたけれど、それはこのことだったのだろう。父が暮らした戦前の沖縄では、ちょっとしたゼイタクだったらしく、友だちと遊んだ帰りに繁華街の一角でこれをたべるのが楽しみだったと聞いたことがある。

箸がすすむうちに、じんわりと汗が出てくる。はじめは匂いになじめなかったけれど、そのうちにやめられなくなる。日本蕎麦のように「たぐる」ものではなく、ゆっくりゆっくり口に入れ、汁と麺をかみしめて、あいまに紅ショウガをかじると、さらに食がすすむ。ちいさな食堂のすばであったけれど、まだ大量生産の時代ではなく、麺は店のなかで丁寧につくられたものだったのだろう。戦後沖縄ですばがポピュラーな一品になったのは、米軍が小麦粉を配給したからだというが、基地ように思われた。

に囲まれた沖縄のすばは、ちいさいながらも沖縄人としての存在感をしめしている

わたしがひとり沖縄を旅するようになったのは十九歳になってからだが、沖縄本島の北から南の地域、宮古、八重山とそれぞれに「すば」があり、味つけや具、麺がちがうことを知った。いろいろなすばを味わったということは、沖縄のさまざまな島や村をおとずれた痕跡でもあった。沖縄の友人たちとすばの話をすると、あそこの店がいい、ここの店がいいと大さわぎになる。すばジョーグ（そば好き）たちである。みんなじぶんの出身地のすばがいちばん、と思っているみたい。

いまでは島のちいさな食堂ですばをたべて、それからゴロンと横になって寝てしまう、なんてこともある。扇風機の風になぜられる夢うつつの午後の時間。わたしを沖縄に何度となくかよわせるのは、このすばであり、はじめて沖縄をおとずれた日のこと、母がこの世にいなくなったことを実感した墓の前の光景を思いだすのである。わたしは母が死んだ年齢にちかづいている。つくづく短い母の一生だったと思うけれど、ガチマヤー（食いしん坊）の末娘がこうして沖縄にかよっていることを母はよろこんでくれるだろう。

じーまみ豆腐

おばちゃん、と声をかけて、いつものように壺屋に入った。はじめて会った日いらい、わたしは壺屋によくかようようになり、ひとりで行くことも多かった。ふっとおばちゃんの顔が浮かぶと無性に会いたくなる。常連のお客さんとも顔なじみになり、あいさつを交わすとじぶんで冷蔵庫からビールを取りだし、ぐびぐびとのみだす。

さいしょのころは、母のことをいろいろ教えてもらうのが楽しみだったけれど、そのうちおばちゃんとわたしは友だちみたいになっていて、四十歳も歳がはなれているのに妙に気が合うのだった。店にかよいだしてすぐに気になっていることをたずねた。おばちゃん、あの壁にかかっている絵、すごくいいね。沖縄の画家でしょう、色がそうだもの。

するとおばちゃんは「あれはね、兄貴の絵だよ。兄貴は絵描きさ。大嶺政寛《せいかん》というんだけどね」というので、びっくりしてしまった。大嶺政寛はわたしがもっとも好きな沖縄の画家だったのだ。

政寛は戦前から活躍したが、とりわけ米軍統治下の時代、八重山の風景を描いた作品がすばらしい。夏のさかり。白い砂の道に赤瓦、人影もすくない真昼。光と影のコントラストがあざやかで、真っ白く発光し、時がとまったような風景をみごとにとらえていた。混乱をきわめた戦後沖縄で、この静謐な風景をモチーフにえらんだことがきわだっている。そして、本島の激戦地だったところに戦車や鉄兜が放置されたままになっている光景の作品は、画家の慟哭が聞こえるようだった。

「兄貴はあんたの大叔父さんの南風原朝光とも仲がよかったんだよ。兄貴やチョーコーの画家グループが戦前の那覇にあってさ、あんたのお母さんの里々ちゃんもそこにいて、わたしも知ったんだよ」

「兄貴」のことをいろいろと語るおばちゃんの口ぶりから、政寛が大好きだということが伝わった。政寛も東京に来るおりには店に顔をだして、いつも気にかけているらしい。ぶっきらぼうな妹に「昔と変わらないねえ」と笑うそうだ。

おばちゃんは那覇の久米で生まれて第一高女を卒業。後輩たちは「ひめゆり部隊」として若い命を落とした。そののち代用教員をへて上京し、会社づとめをしたり、洋裁で身をたてたりしながら暮らした。戦後はおばちゃんのお姉さんが嫁いだ沖縄出身のひとが新宿で経営する沖縄料理の店を手伝っていて、四十なかばになってじぶんの店「壺屋」をもつことができたという。恋愛はしたけれどずっと独身だった。

店ができたころ、この成子坂下は都電が走り、にぎわっていたというが、新聞記者、詩人、編集者、映画関係者、そして沖縄出身者が連日つどったのだ。ほんものの沖縄料理、そしておばちゃんの口の悪さも店の魅力だったのかもしれない。なにかというと「バカヤロ」を連発する。沖縄問題が政治課題だったころ、この店には学生や活動家も出入りしており、公安が外で見張っていることもあったのだけれど、そんなときはいつにもましてドンチャンさわぎをして「陰気な公安のヤツら」に見せつけてやったと笑うのである。

反骨のひと、おばちゃんは客にもきびしい。エラそうにふるまう客が大嫌いで、何を訊かれても返事をせず、とっとと帰れと態度でしめすのである。おばちゃんの料理がおいしいので、おなじものをもうひと皿おねがいしようとすると「いろいろな料理があるのに、おなじものを注文するのはバカだ」といいはなった。その料理は戦前のやりかたをつらぬいていて、どれも手間がかかるものだが、いっさい手抜きをしない。

豚肉の料理は、気に入った肉が手に入らなければつくらない。しっぽをとろとろになるまで煮込んだもの、ナカミといわれる内臓の料理。「肉を見る目を養いなさい」とわたしもいわれた。わたしはすっかりおばちゃんの弟子の気分になっていて、あれこれたずねるようになったのだ。材料はリュックをかついで、上野あたりの店をまわって見つけるという。ときどき手に入るめずらしい野菜の料理もあった。マコモと肉の炒め物、パパイヤのチャンプルー。それらの野菜は東京にアジアのひとたちが暮らすようになってから手に入れられるようになったということだった。故郷をはなれて生きるとき、懐かしい味がささえてくれるのは沖縄人とおなじだ。どれも手づくりのあんだぁの甘さが野菜にうまくからまっていておいしいものだった。

なかでも絶品なのは「じーまみ豆腐」だ。落花生のことを沖縄では「じーまみ」というのだが「地豆」なのだろう。じーまみ豆腐をつくるのはとても手間がかかる。殻から出して水に漬けておき、薄い皮をとる。それから、この豆をすり鉢で液体になるまですりつぶさなければならないのだ。おばちゃんはミキサーなどいっさい使わず、ひたすらする。おばちゃんは店のちかくに住まいにしているアパートを借りているのだが、そこで午前中からとりかかって、ようやく夕方に間に合うということだった。おばちゃんは、ミキサーでもためしてみたけれど、どうも味がちがうというのである。手ですっていれば、その感触からここがちょうどいい塩梅、豆の風味がきちんとのこる瞬間がわかるというのだが、ミキサーはそれをわかっていないと断言する。

じーまみ豆腐は、むかしはとても贅沢な料理だったという。沖縄に落花生がそれほどあるわけではないし、何よりもこの手間がたいへんで、祝いの膳などに登場する一品だったのもうなずける。すりあがったじーまみを布で濾して、そこにでんぷんをくわえて弱い火をとおしてゆく。手は休まず、鍋をかきまぜておかなければ焦げてしまう。しだいに粘りけが出てくるから、力を入れながら、そして一瞬もおろそかにせずこの仕事をつづけなければならないのだ。ようやく、型に入れて、冷やし固めるという段取りである。

ちいさく切り分けて、ダシ、醤油、みりんのたれをかけてできあがる。落花生のプンとした匂い、豆のあぶらけのある舌ざわり、とろっと口のなかでとけてゆくようで、しつこくなく、それでいてしっかりとした風味をのこす。

そのつくりかたを聞いただけで弟子のわたしは降参した。無理です、おばちゃん。たべるだけにします。でもさー、すごくおいしいからまたつくってね、というと「この手間がたいへんなのに、しょっちゅうつくれないよ、バカヤロ」といいながら、こんどくるときがわかればつくってあげるよ、といってくれるのであった。

八時、九時とまわっても、お客さんがこないときがある。そんなときはおばちゃんとビールをさしつさされつ、おしゃべりに花を咲かせる。わたしの母のこと、政寛さんのこと、戦後東京にいた沖縄人、むかしの沖縄の暮らし。しだいにおばちゃんはご機嫌がよくなって歌をうたいだす。女学校でならった文部省唱歌や沖縄では誰もが知っている「えんどうの花」。いっしょになってうたって、さらにビール。

そのころつとめ人をしていたわたしは、ねえ、おばちゃん、わたし、つとめをやめてライターになろうと思っているの、と相談したことがある。おばちゃんはひとこと「そうしなさい」。あんたはつとめにむかないよ、あちこちいろんなところに行って、いろんなこと書けばいいさ、と即断であった。

「わたしはねえ、料理をつくるのがほんとうに好きさ。じぶんなりにくふうして、手間はかかるけど、思っていた味になるとうれしいよ。ちいさいけど、じぶんの店でやってきたんだ。あんたも好きなことをして、じぶんの力で生きなさい」

そう励まされた。仕事を丁寧にしていれば、いつかいいこともあるよ。おばちゃんのじーまみ豆腐はそういっているように思えた。女ひとりでいっしょうけんめい生きてきた。そういうじーまみ豆腐だった。

らふてぇ

登美おばさまに会ったのは、わたしが沖縄をはじめておとずれたときだった。おばさま、と呼んだけれど、ほんとうは祖母にあたり、もっと正確にいえば、祖母であったひと、ということになる。

母方の祖父は、わたしの母を生んだ舞台女優だった妻と死別後、台湾で再婚したが、のちに離縁した。そして、三度目の結婚をしたのが、この登美さんだったのである。祖父は、たくさんの女のひとと浮き名をながしたばかりか、複数の女性とのあいだに子どもも生まれ、認知しただけでも五人をかぞえるという困ったひとだった。

登美さんと祖父が知りあったのは、台湾である。登美さんのお兄さんが古波蔵保《こはぐらほ》好《こう》という新聞記者であり、このひとと、祖父の弟の画家・南風原朝光が親友だった。朝光は台北の南風原医院の一室に暮らし絵を描いていた時期があって、保好、登美兄妹は、台湾をおとずれるときには南風原医院に滞在していたということである。台北の学校にかよっていたころの母も登美さんをよく知っており、歳も七つほどしかはなれていない登美さんをお姉さんのように慕ったという。

祖父は昭和十五年ごろから登美さんと暮らしはじめ、終戦後一年して台湾から引き揚げ、やがて那覇に医院をもった。だれよりもおどろいたのは祖父の恋愛三昧を笑いながら見ていた保好さんだった。まさか、この浮気者の医者と愛する妹が結婚するとは。

けれども祖父と登美さんとの暮らしは落ち着いたおだやかな日々であったようだ。ふたりはあちこちに旅をし、そのころの写真がいくつもあるのだけれど、祖父は麻のスーツにパナマ帽、登美さんは真っ白いワンピースのすてきな装いだ。昭和三十一年に十六ミリフィルムで撮影したふたりの映像ものこっているのだけれど、琉球王国時代から焼き物をつくっていた地区「壺屋」や頭上にタライをのせて野菜を売り歩く女たちのすがたもあって、とてもおもしろい。

　祖父の家には多くのお客さまがいらしたようだ。弟の朝光の関係で、本土の作家や文化人もずいぶんみえたらしい。味にうるさく、ぜいたく好きの祖父を満足させたのは登美さんの料理の腕前だった。古波蔵兄妹は、首里の金城《かなぐすく》という町の士族のながれをくむ家でそだち、しつけられた。登美さんは母親から琉球王国いらいの料理のつくりかたを教えられたのだ。日々の食事、行事のさいにそろえるお膳、おもてなしの料理。ひとつひとつ丁寧につくられた。

　さわがしい人生をおくった祖父だが、登美さんとの結婚はこころやすまる時間だっただろうと思う。祖父は昭和三十二年に他界した。そのあとがたいへんだったらしい。市内に医院と凝ったつくりの自宅をもち、趣味の骨董をあつめ、ひとを招いてはごちそうをふるまっていた祖父だが、その内実は多くの借金があり、二番目の妻とのあいだの子や、そのほか認知した子どもたちもいて相続問題は困難をきわめた。

　登美さんは、それらをひとつひとつ片づけていった。借金を清算するため書画骨董を整理し、子どもたちにわけ、そしてすべてが終わったとき、登美さんにのこされたものはほとんどなかった。その仕事を終えて、登美さんは祖父の戸籍からはなれ、もとの古波蔵姓にもどったのである。いかにも士族の家の娘らしいふるまいだった。だから、わたしにとって登美さんは、いっとき祖母であったひとということになる。

ひとりになった登美さんは、料理店をはじめることにした。昭和三十三年ごろのことで、そこは那覇の久茂地《くもじ》という一画である。店の名を「美榮《みえ》」としたのは、このちかくに美栄橋という橋があるからだろう。建物は赤瓦をのせた木造二階建てだ。ぜんたいに沖縄ふうではあるけれど、そこかしこに和風の意匠、洋風のモダンなデザインがちりばめられてある。この建物を設計したのは、登美さんと親しかった京都そだちの女性芸術家だ。陶芸や絵、設計までこなす多才なひとだったらしく、この建物には民芸運動の影響も感じられる。まだ沖縄は戦後の混乱期からぬけだせなかった時代だから、建材の調達にしてもたいへんだっただろうと思う。

そして店の料理は、登美さんが母親にならった琉球料理のかずかずを、むかしの膳のように順にだしてゆくことにした。登美さんの料理は金城の士族の血がなければ生みだせないものだった。盛りつける皿も、沖縄の焼き物、黒や赤の漆器、酒器も凝ったものを使った。沖縄のものばかりでなく、京都の窯にも出かけ、変わったかたちの食器も琉球料理になじませていた。

母をうしなった年にはじめて沖縄に行ったわたしは、美榮に招かれた。なんと呼んだらいいのかしらと悩んだけれど、登美さんのやさしい顔、その気品からしぜんと登美おばさまと呼びかけていた。美榮のおくにはおばさまの私室があって、そこはモダンな洋間になっている。あざやかな黄色のシャツをつけた登美おばさまが「里々ちゃんの娘」であるわたしを歓待してくれた。祖父との結婚はいろいろと苦労も多かったはずなのに、そんなことはみじんもださず、母の台北時代のようすを語ってくれた。

そして座敷で、お料理をいただいたのであるが、どれもめずらしいものばかりだった。前菜のミミガーは豚の耳を丁寧に処理してほそく切り、落花生のたれとあわせたものだ。もずくの酢の物も甘さがひかえめにしてある。

やがてメインとなるが、なかでも「らふてぇ」は忘れられない。これは豚の三枚肉を醤油、泡盛、砂糖などで味をつけ、コトコトと炭火で気長に煮込んだ一品である。といっても美榮では、まだ皮に毛根がのこっている豚肉のカタマリを炭火で焼き、それをこそげ落とすというところからはじまるのだ。それに湯をとおしてあぶらを落とし、肉を切り分ける。そして煮込みだすのだが、ここに泡盛をくわえることが登美おばさまのくふうであったらしい。お箸でちぎれるくらいになるまで、ゆっくりゆっくり時間をかける。

ふたつきの黒い漆器に盛られてだされるのだけれど、ふたをとったときに、甘く濃密な匂いがただよう。それは調味料の風味だけではなくて、しっかりとした豚そのもののかおりだったのだろう。そして口に入れると、まず皮のモチッとした感触があって、肉のほろっとした舌触りがあって、さいごにあぶらみがとろけるように喉にすべってゆくのである。

らふてぇは、沖縄では家庭料理にもくわえられる一品だけれど、登美おばさまのような気品のあるらふてぇは、味わったことがない。いまでも、あのときのらふてぇをありありと思いだすことができる。しだいにすくなくなっていくらふてぇをかなしく思った気分さえよみがえってくるのだ。登美おばさまは、そんなわたしをうれしそうに見ていた。こんなちいさな子をのこしてゆくなんて、里々ちゃんはつらかったでしょうね、そういった。

お料理のことをいろいろとたずねるわたしにおばさまはすてきな贈りものをくれ

た。美榮のレシピを写真入りで説明した印刷物だ。会席膳のひとつ「なかみの吸い物」からはじまり、冬の日の煮物「ぬんくぅ」、結婚式や結納の席にだされる「るういぞうみん」、家庭のお総菜「大根いりち」、華やかな切り込みを入れた「花いか」、シャコ貝を使った酒の肴「あじけえなしむん」、そして美しい具をのせたご飯に汁をかけてたべる「菜飯《せいふあん》」など約七十品目。

おばさまが兄保好と一緒に書いたレシピは、その人柄がにじみでるやさしさと、丁寧な手のうごき、そして沖縄の風景さえ想わせる、随筆といっていいおもむきなのだ。書きのこしておかなければ、という思いもつよかったのだろう。それはいまもわたしの手元にあって、たいせつにしている。

けっきょく、登美おばさまに会ったのは、あの一度きりになってしまった。らふてぇ、という言葉を聞くと、おばさまのやさしい笑顔がふとよぎる。

上海蟹

よし、きみは合格だ。そういって笑ったのは、古波蔵保好さん、登美おばさまのお兄さんだ。まえに書いたような事情で、「いっとき大伯父だった」ひと、ということになるのだけれど、戦前から祖父や大叔父の画家、そして若いときの母を知っていて、とても親しみがあり、保好さんも「きみとぼくはまちがいなく親戚だ」といってくれたので、「保好おじさま」と呼ぶことにしている。

赤ん坊だったわたしを椎名町の家で見かけたのは、祖父の遺産問題があって、登美おばさまに用件をたくされたときだったらしいのだけれど、もちろんわたしに記憶はない。わたしがおじさまに会ったのは、ライターになってしばらくしたころ、友人と沖縄を旅して「美榮」によったときだ。登美おばさまは十数年前に亡くなっ

ており、店は保好おじさまの息子夫婦がついでいるということは知っていた。縁もきれているようなものだから、声をかけずにおこうと決めて、ただ美榮の料理を味わいたいと思ったのだ。店は登美おばさまがいたころとまったく変わらず、美しく手入れがされていた。そしてお料理も器も懐かしい記憶のままだった。あの、らふてぇも。

お昼の食事をいただいて、支払いをすませ、玄関までおくってくれたのが、保好さんの長男の妻、徳子《のりこ》さんだった。そのまま帰ろうとしたのだけれど、やはりひとことだけでもご挨拶をしたほうがいいかと思いなおして、こちらは古波蔵保好さんのお店とうかがいました、わたしは南風原里々の娘なのですが、ご存じないかもしれませんね……と話してみると、徳子さんは「いま、義父は東京から来ていますから呼んでまいります」といってくれたのだ。

おくの部屋からあらわれた保好おじさまは、きみは里々ちゃんの娘なの、うん、よく似ているねえといいながら、じきに東京にもどるから、連絡しますよ、食事でもしましょうといい、うん、ほんとうに里々ちゃんにそっくりだと笑った。しばらくして、電話をもらい、会うことになったのだった。

古波蔵保好さんは、明治四十三年に首里金城で生まれ、一中卒業後に上京し、東京外国語学校印度語科にまなんだ。そのころ、小学校の先輩だった画家の南風原朝光と親しくなったという。朝光は画業にもまして演劇や沖縄芸能の活動に熱心だったのだけれど、保好さんもこのころ左翼演劇活動に情熱をそそぎ、俳優として舞台に立った。けれどもその時代ゆえに、保好さんは警察に目をつけられ逮捕されてしまう。ひどい拷問も受けたらしいが黙秘をつらぬいた。ところが組織のなかで彼のうえにいたひとがあっさり白状したことをのちに知ったという。学校を中退し、故郷に帰り「沖縄日日新聞」の記者となり、ふたたび上京して「毎日新聞」記者となった。

戦争が終わって五年後、米軍は本土から沖縄への入域をきびしく制限し、とりわけジャーナリストには神経をとがらせていた。そのさなか、保好さんは「密航」というかたちで故郷に帰り、米軍統治下の沖縄のルポを毎日新聞に発表。それは沖縄の実情を知らしめる衝撃的な記事だったのだが、それゆえに米軍は沖縄にふたたび帰ることを彼に許さず、十四年ものあいだ故郷の父母にも、愛する妹にも会えない時期があったのだ。

論説委員をつとめた毎日新聞退社後はエッセイストとして活躍し、とりわけ食や衣、演劇について語る名文が知られていた。日本エッセイストクラブ賞を受賞した『沖縄物語』、そして『料理沖縄物語』は、沖縄料理と戦前の沖縄の暮らし、さまざまなひとのすがたをあたたかい筆でつづった本で、わたしも愛読していた。一九七〇年代初頭、学生運動や政治闘争の激しい時期に「サンデー毎日」に数年間連載していた喫茶店をめぐるエッセイは、あたかも物騒な世情を無視するようにコーヒーのおいしさ、ケーキの甘さを描いたけれど、これもおじさまらしい反骨精神だったのかもしれない。

六本木に暮らす保好おじさまは、イタリアン、フレンチ、和食といろいろな料理を好んだが、とりわけ中華が好きらしく、はじめてごちそうになったのも新宿のホテルの中華料理店だった。メニュウから肉料理を中心にえらんでくれ、かけだしの貧乏ライターだったわたしにはおどろくようなごちそうばかりならんだ。フカヒレの煮込みというのもはじめてだった。フカヒレがこういうかたちのものだということも知らなかったのだ。

たべながら、保好おじさまは楽しい話をしてくれて、やがて戦争中の記者時代のことになった。ある政治家の後継者が三人いて、そのうちだれが本命なのか、各社でスクープをとろうとしのぎを削っていたのだが、おじさまはガンとして口をわらない政治家の取材をこころみた。やはり話さない。そして帰りぎわの玄関で、靴をはきながらちょっとした質問をなげかけて、みごとにひとりを特定したというのである。その質問とは「つぎになるひとのアタマは禿げていますか」。相手はその瞬間、さあて、どうだったかなあ……と、すこしだけ目を宙におよがせた。三人のうちひとりは、禿頭。ひとりはフサフサ頭。そしてひとりは髪の量はすくなくなっていたが、かといって禿げではない。あれは禿げではないし……と一瞬考えあぐねた相手の視線を見逃さず、三番目の禿げともフサフサともいえない人物だと確信した。これで、見出しを打て！

たんたんと話し、「さあて、どうだったかなあ」という場面の目つきを再現するのだけれど、わたしはおかしくて大笑いをしてしまった。するとおじさまが「きみは合格」といったのだ。じつは、この話を笑うか、笑わないかが彼流の「試験」であったらしい。笑ったひとは合格。これからもごちそうしてあげようということになるのだった。おじさまにはガールフレンドがたくさんいて、食事の相手にはまったく困らないのだけれど、その条件は、よく笑い、よくたべることなのだ。わたしは初級テストの合格点をいただいたらしい。

それからはたびたびおじさまにごちそうになったし、オペラに連れていってくれたり、芝居を観たり、楽しいことばかりだった。帰りにはかならず家のちかくまでタクシーでおくり届けてくれたのも、いかにもダンディーなひとだった。食事をしながら、文章を書くうえで大切なこと、取材の方法や資料の読みかたなどを話してくれたのだけれど、こちらのほうは落第してしまったかもしれない。

そして母のこともよく話題になった。母は料理が下手でした、というと、おじさまは台北のことを思いだしたようだ。里々ちゃんは南風原医院にあつまった若い芸術家にとてもかわいがられていたけれども、気まぐれにつくる料理に付きあわされることがあってね。いま思いだしても……、あれはひどい味だった。そういって顔をしかめたのである。

冬になると、六本木の中華料理店で上海蟹をごちそうになった。蒸しあがったばかりの上海蟹。ぷうんといい香りがする。黄色の蟹の卵、白い身。それをその場係の女の子が白い手袋をはめた手で殻をむいてくれる。とろんとした卵の濃密な味。ひととおり食事がすむと、おじさまは係の女の子に「とても上手にむいてくれたね。ありがとう」といって、ポチ袋に入れたチップをさりげなくわたしした。

おじさまと食事をするたびに、ほんとうにスマートなひとだなと感じたのは、支払いの場面をいっさい見せなかったことだ。いつ、すませたのだろうと思うくらい、まったくわからなかった。ひとにごちそうするときには、支払いにいちばん神経をつかわなければいけないということも、おじさまに教わったことのひとつだ。あとになって、美榮をついだ徳子さんに聞いたことだけれど、はじめて美榮でおじさまに会ったとき、わたしが食事の支払いをしてから声をかけたので、おじさまは「里々ちゃんは娘にいいしつけをしていた」と話したそうである。わたしは、そんなことを考えていたわけではなかったけれど、とにもかくにも死んだ母に恥をかかせなくてよかったと胸をなでおろしたのだった。初級テストのまえにも予備試験があったらしい。

あるときわたしは取材の下調べのために沖縄に三週間ほど滞在することになったのだが、おじさまは美榮に泊まりなさいといってくれ、かつて登美おばさま、そして保好おじさまが使う部屋に寝起きさせてもらったことがある。美榮の料理がたいへんな下ごしらえや手間でつくられることも調理場をのぞいて知った。そしてわたしは毎晩、おいしい食事をごちそうになってしまった。おばさまがいた当時のままに店が守られているのも、徳子さんがゆき届いた掃除や、修理をほどこしているからだとわかった。障子の紙にしても、すでにつくられなくなった職人の手によるものを保存しているのだった。

おじさまは八年前に美榮の一室で徳子さんに見守られ、九十一歳の天寿をまっとうして世を去った。いまごろは、ご両親や登美さんと語りあっているのだろう。わたしとおじさまの歳月は十年ほどだったけれど、ほんとうにゆたかな時間だった。

あれから沖縄に行くたびに美榮により、徳子さんとおしゃべりをしながら食事をごちそうになっている。登美おばさまや保好おじさまのことを話すのが楽しい。そして取材先で古波蔵保好を知っているというひとに会うこともある。おいしい食事をごちそうになったのよ、すてきなひとだったわねえ、といわれると、距離がちぢまる感じになる。

おじさまは、たくさんのものをわたしにのこしてくれた。ひとにごちそうするという行為は、そのときの食事だけではなくて、記憶される楽しい会話の時間であり、のちになっても、ひととひとをつなげるものであるということも、保好おじさまに教えられたのである。

刺身

那覇の一画に建つビルの地下にライブハウス「酔ｉｎｇ《スイング》」はあった。その名前からさっせられるように、オーナーがジャズのライブをやりたくてはじめた店だったのだけれど、わたしがここでよく聴いたのは、八重山の民謡をうたう新良《あら》幸人《ゆきと》と、その相棒の島太鼓のサンデー（仲宗根《なかそね》哲《さとし》）だった。

ライターにはなったものの仕事はなく、時間だけがあるので沖縄への旅をくりかえしていたころに彼らに会った。幸人も二十歳を超えたばかり。サンデーとともに石垣島・白保《しらほ》の出身で、高校卒業後に那覇に来てライブ活動をはじめて間もない時期だった。

幸人の唄はのびやかで、サンシンは見事な音色を響かせる。それまで民謡といえばまっすぐに立ってうたうものだったのに、幸人はサンシンを奏でながら動きまわり、ほんとうに自由に楽しそうにうたっていた。とはいえ、唄そのものは八重山にふるくから伝わるもので、彼のスタイルはふるい民謡をいまの時代に届けるということを体現しているように思われたのだ。彼らがおもに活躍していたのは国際通りにあった「ジァンジァン」と、ここ酔ｉｎｇだった。民謡歌手がうたうといえば民謡酒場と決まっていたころ、ライブハウスで島の民謡を演《や》るというのも当時はめずらしいことだった。

ふたりは八重山高校郷土芸能クラブの先輩・後輩という仲だ。この郷土芸能クラブというのがすごいクラブだった。八重山の芸能を愛する英語教師・高嶺方祐《たかみねほうゆう》先生こと、ミスター・ホーユーが顧問をつとめ、放課後に舞踊や民謡の稽古に励む日々をおくった。ミスター・ホーユーは生徒にいわせれば「英語の発音、悪いっど」ということなのだけれど、生徒からとても慕われた先生だった。郷土芸能を授業に採り入れるというこころみはいまでは各地にあるけれど、そのころ芸能など怠け者がやるものという風潮があったのだ。けれどもホーユー先生は芸能こそ島人《しまんちゅ》の根と確信していた。

八重山はゆたかな芸能の島であることはよく知られているが、とりわけ白保は盛んな地域だ。ここで生まれた民謡は数多いが、代表する唄といえば「白保節」だろう。

ゆらてぃく（よってらっしゃい）
ゆらてぃく
踊《うど》り遊《あし》ば（踊り遊ぼう）

白保には唄や踊りの名人がそろっており、それも何代にもつづくというのである。幸人の父親・幸永《こうえい》もサンシンの名手であり、父を師匠にして幸人はそだった。郷土芸能クラブにはおなじく白保の大島保克《やすかつ》、竹富島生まれの野原健、石垣市内でそだった舞踊の花城《はなしろ》八重子などがいて、クラブはちがうものの保克の同級生に、のちにＢＥＧＩＮを結成するメンバー三人もいた。
ひとあしさきに那覇に行った幸人だが、やがて八重山の仲間たちでうたい、踊ろうと郷土芸能クラブ出身者たちを中心に結成されたのが「ゆらてぃく組」という芸能グループだ。石垣、那覇、そして東京に行った者たちもふくめて年に一度の公演をしていた。ゆらてぃくの公演を観たわたしは、つよい衝撃を受けた。こんなにもすばらしい芸能が若い世代によって息づいているということ、そして彼らのつながりの深さにじんときてしまったのだ。

それいらい、幸人やゆらてぃくのメンバーを追いかけまわすように、くっついて歩いた。彼らより十歳も年上のわたしだったが、みんなに「ケイねーねー」と呼ばれて、仲良くしてもらったのだ。八重山の芸能のすばらしさ、民謡の歌詞の意味、島の暮らしなどを教えてもらいながら、のんでばかりいた。それは、彼らのやさしい人柄、八重山芸能のゆたかさにこころを惹かれたということと、もうひとつ、わたしが父母の記憶の沖縄からはなれて、わたしじしんの沖縄との出会いでもあったのかもしれない。

那覇にひと月、ふた月と滞在することもあったわたしは酔ｉｎｇの幸人とサンデーのライブを楽しみにしていた。ジャズ、ロック、アコースティックなどさまざまな音楽が楽しめるこのライブハウスの雰囲気はたまらなくここちよいのだった。オーナーのミノルさんをはじめとして、彼の弟たち、友だちと経営する店だ。すぐに仲良くなって、音楽を聴きながら泡盛のグラスをかさねる日々だった。ミノルさんは幸人の唄をきいていっぺんで惚れこんでしまい、定期的なライブの場を提供したという。幸人はここでさまざまなジャンルのミュージシャンと出会い、その後の音楽活動にも大きな影響をもたらしたと思う。

ミノルさんには本職があった。それは魚の仲買人だった。朝も暗い時間から市場で働き、その稼ぎをぜんぶライブハウスにつぎこんでいたらしい。でっぷりとした体格でヒゲもじゃ、大きな声で笑い、彼の話もまた腹がよじれるくらいおかしいのだった。とてもきょうだい思いのひとで、溺愛する高校生の妹がいたのだけれど、それにまつわる愉快な話がたくさんある。あるとき、妹がかよう高校の先生から呼びだしがあったという。彼女の服装が派手だと注意を受けるらしい。保護者のミノルにーにーはすごい作戦でのぞんだ。髪の毛をがんがんに逆立てて、シャツもズボンもいかれた格好にし、爪にマニキュアまでほどこし、学校におもむいたのだ。先生はそのすがたを見て、こういったそうだ。

――お兄さんがソレじゃあ、妹さんがおかしいのも仕方ありませんねぇ。「妹は家族のなかではマジメなほうなんです」。そう訴えたミノルにーにーの作戦勝ちだった。そしてぶじ妹が高校卒業となったときは、酔ｉｎｇに出演するミュージシャンが総動員されて卒業式に参列し、そのあとなぜか「卒業記念・ボウリング大会」をやったというのである。

働き者でほんとうに気のいいミノルさんだった。店には音楽好きだけではなく、魚の仲買人の仲間のおじさんたちもやって来て、大にぎわいだった。いい魚が入ると、店の客に大盤振る舞いをしてくれた。舟盛りにした刺身がどーんと出てくるとき、ステージの幸人は八重山の新しい民謡「新川《あらかわ》大漁節」で盛りあげる。新鮮でたくさんのおいしい魚をライブハウスでたべられるとは思ってもいなかった。

ウチナーグチで「イマイユ」と呼ぶ鮮魚だが、その種類は豊富で本土ぜんぶの魚類をしのぐほどだ。青や赤、黄色のカラフルな魚。味わいも本土とはことなるけれど、シークワーサー（ヒラミレモン）をさっとしぼり、身がちょっと白くなったところを醤油につければ、これぞ南海の刺身である。いつか旅したパラオでもこれとおなじような刺身があった。沖縄の刺身はまずい、などという観光客がいるが、タテにつらなる日本でどこでもおなじ味と考えるのがマチガイなのだ。北には北の刺身、南には南の刺身がある。南島の風景にさそわれて来たのなら、南の刺身をたべるべきだ。

まずい、などとあのときの酔ｉｎｇでいったら、仲買人のおじさんたちが黙ってはいないだろう。海人たちが船を走らせ、海に潜り、苦労してとって市場に届けたものなのだ。いろいろなマチ（タイ）、マグロ、タマン（ハマフエフキ）、シマダコ、イラブチャー（ブダイ）、チヌマン（テングハギ）、スルルー（キビナゴ）……、どれもおいしかった。

かつて冷蔵技術もなかった時代、沖縄で刺身をたべられるのはごく一部の海辺の地域だったのではないだろうか。首里でそだった保好おじさまは、港から首里に魚売りがやってくるころには暑さのために魚は腐りかけプンと匂いをはなっていて、マース（塩）煮になっても、その匂いがどうも苦手だということだった。あれほどのグルマンだったのに、おじさまが魚料理をたべるのを見たことがない。

琉球王国時代の王家の正餐には「刺身」の一品があって、それはメバルを酢洗いして酢醤油で食すというのだけれど、これも魚を首里の邸まで人海戦術で一刻も早くはこんだはずだから、ずいぶんと高級な料理だっただろう。沖縄で刺身を一般的にたべるようになったのは昭和四十年代からではないだろうか。

それがいまでは新鮮な刺身を山ほどたべられるのはじつによろこばしいことである。ほとんど名前もわからなくて、教えてもらっても酔っぱらっているのですぐ忘れてしまい、それでもパクパクと刺身をたべ、幸人の民謡を聴き、ミノルさんの豪快な笑い声が響く店は極楽のようだった。ゆらてぃく、ゆらてぃく、踊り遊ば。

酔ｉｎｇがなくなって、もうずいぶんたつ。じつは店の経営はたいへんで、ミノルさんはずいぶん無理をしていたことをのちに知った。それなのに、あのとき「たべて。おいしいよ」と金策の苦労をまったく見せず、笑顔のミノルさんだった。元気でやっているかな。お礼をちゃんといいたいな。舟盛りになったカラフルな魚のように楽しい毎日だった。幸人とサンデーは、いま日本各地、そして海外でも活躍している。このまえ幸人に会ったら、おじさんになったよう、といっていた。

アーサ汁

あんた、ごはんはたべたの。いきなり、いわれた。石垣島・白保。夏のお盆の時期だった。ゆらてぃく組で幸人とともにみんなをまとめる大島保克にさそわれて、白保をおとずれたのである。白保のお盆では獅子舞があり、すばらしいものだと聞かされ、ぜひ行きたくなってしまったのだ。保克はすでに東京で暮らしていて、音楽活動をはじめている。

白保では大島の家というより「ひばりの家」はどこかとたずねればすぐわかるからといわれていた。ひばり、とは保克の祖父のことで、民謡の名手、その声はひばりのように美しいことからつけられた屋号だった。家はすぐにわかって、玄関に出てきた保克の母親に、東京からまいりました、保克さんとは親しくさせていただいて……と挨拶をしていたら、このかあちゃんは、そんなことよりごはんをたべたのか、と訊くのである。はいはい、早くあがって。こっちは暑いでしょう、お盆の準備でたいへんだけど、かんたんなものならあるから。

まだ名前も名乗っていないのに、保克からあんたが来るのは聞いているからね。はい、夜はこっちで寝てね、と裏座敷に案内してくれる。それはむかしふうの赤瓦の家で、庭には色とりどりの美しい花が咲きほこっていた。ひろくとられた縁側では、ひばりじいさんが静かに庭をながめている。白保のまとめ役として信頼されている人物で、ちかよりがたい気品がある。

そして部屋には畑仕事のあいまによった保克の父親もいた。このひとも終戦の翌年に白保の若者たちが結成した「白百合クラブ」という楽団のメンバーで、マンドリンを担当。民謡や流行歌をアレンジし、サンシンやバイオリンなどの演奏で大人気を博した。おどろくべきことに、この楽団はほとんどメンバーが変わらず、いまも活動がつづいているのである。大島一家は、父方、母方ともに芸能の名手で、親戚には高名な舞踊の師匠もいる。親戚一同があつまれば、石垣市民会館で公演ができるというほど、すごい一族なのであった。

真夏の日射しが村を照らしつける。お盆の飾りつけをしたあちこちの家で、ひさしぶりに帰って来たこどもたちをむかえる歓声が響く。集落のすぐそばに浅く、遠い、あさぎ色の海がひろがっている。

サンゴ礁のゆたかな海だが、一時ここに空港建設の計画があり、白保では反対運動がくりひろげられた。このとき、わたしはライターになるいぜんだったのだが白保をおとずれて、そのようすを見ている。反対運動の組織にくわわったわけではないけれど、どうしてもこの目でたしかめたかった。白保には全国から支援者も来ており、機動隊も投入されたのだが、村のひとたちはサンシンを奏でながら、機動隊に対峙したということだった。高校生だった保克や幸人もそこにいたという。村を二分するような事態だったが、けっきょく県の空港建設案は撤回された。この美しい海に、空港をつくるとは考えられないことだったけれど、おだやかなお盆の日をむかえられるのも白保のひとたちのつよい意志があってのことだった。

かあちゃんが台所に立って、手早く用意してくれたのはアーサ汁だった。アーサとは海藻のひとえぐさのことで、春から初夏にかけて岩に生育する。その季節にはザルをもってあおあおとしたアーサをとる村のひとたちのすがたがある。それを乾燥させて汁にしたてるのだ。だし汁に、ちいさくあられ状に切った豆腐、そしてかあちゃんのアーサ汁は、ここにツナの缶詰を入れてコクを出す。水でもどしたアーサは、岩にへばりついていたときのようにあざやかな色となって、磯の匂いがどんぶりのなかから立ちあがるのだ。

するすると喉ごしがよく、何杯でもたべられる。とうちゃんがシャコ貝のみそ漬けを出してくれ、これでごはんをパクパク。天ぷらもあるよ、カマボコもあるよ、とつぎつぎにならべられるおかずを遠慮なくいただいた。保克も帰ってきた。ああ、ヤスお帰り、と箸もやすめずいっているわたしはちょっと図々しい。獅子舞は夜だからね、昼寝でもしていてよ。保克はどこかに行ってしまった。

日もとっぷりと暮れ、夜空に月が輝くころ、獅子舞がはじまった。

白保の獅子舞は「ヤーザレ」という魔よけの意味をもつという。家を新築したひと、ながい「旅」から帰ってきたひとのいる家をまわって、魔よけをするのだ。このばあいの「旅」とは、たんなる旅行ではなくて、本土への出稼ぎや、島の外でながく働きながら暮らしたひとが島に帰り落ち着くという意味である。島を出てからの生活が十年、二十年になろうとも、それは「旅」でしかなく、島の人間はいずれ生まれた地に帰るもの、という考えなのだろう。

獅子はオスとメスの一対。デイゴのかたい木でつくられた面は黒い顔に赤い口、白く塗られた目。それがどことなく愛嬌がある。何百年と村に伝わるものらしい。そして胴体は木の樹皮を海水でやわらかくし干したものでながい毛足を表現している。日本の獅子とはことなり、アジア諸国の影響がつよく感じられる。

この獅子のなかに入ることが、白保の少年たちのあこがれである。青年としてみとめられたとき、獅子になって舞うことができるのだ。獅子をまわすひとを「獅子ブサー」といい、子どものころから見つづけて、この一員になれたときの晴れがましさといったら言葉にあらわせないものらしい。幸人も、一年に一度は獅子ブサーにならなければ、カラダがおかしくなるといっていた。彼もすでに白保に帰ってきている。

ヤーザレをたのんだ家の庭先に人びとがあつまってきた。そのなかには、ゆらていく組の花城八重子がいた。ちゃきちゃきと元気な彼女は東京で沖縄料理の店を切り盛りしている。そして野原健も。ながく東京で暮らした健は、島の行事をつぐために生まれ島の竹富島にもどっていた。「旅」を終えたのだ。

そして、八重山高校郷土芸能クラブをひっぱってきた高嶺方祐先生、ミスター・ホーユーもいる。ホーユー先生、と生徒でもなかったわたしは呼びかけ、いろいろと話したのだが、ホーユー先生はすでによいご機嫌になっていた。白保はいいでしょう、こういう行事がみんなをつなげ、成長させるんですよ。学力向上よりこういうふうに学ぶことがだいじなのです、と教師らしからぬ発言をするのだが、わたしは深くうなずいたのだった。

サンシンの音色が響きだす。弾き手のなかに保克も幸人もいる。

ゆっくりとオスの獅子が登場。山から集落におりてきた獅子は用心深く、ソロリとあらわれる。やがて、メスを呼びよせる。二頭は、じゃれあったり、でんぐりがえったり。ここがまずさいしょの見せ場だ。大きな図体の獅子が身軽にうごき、それがなんともいえないかわいらしさ。

一頭の獅子にまえとうしろ、ふたりの獅子ブサーがあやつるのだが、息をぴったり合わせなければならない。リードをとるカシラの動きを感じとり、ごろんと横になったときにはうしろの獅子ブサーが足で首のあたりを掻いてみせたりするアドリブもある。獅子のなかはもちろん視界もなく、観客たちにどう見えるのか、どうよろこんでもらえるのかを感覚で判断しなければならない。ほんとうに生きている獅子みたいだ。

やがて、獅子をはやすカネをもった男が出てくる。ここで熱気は一気にたかまる。カン、カン。チン、チン。リズミカルな金属の音に獅子は興奮して、男を追いかけまわす。男は逃げ、さらに追いかけ、獅子は嚙みつく。男の尻が嚙まれる。この掛け合いがユーモラスだ。さらに獅子は暴れだし、こんどは観客のちかくまで来る。観客ははやし立て、獅子を挑発し、獅子はさらに暴れる。ここが大きな山場となり、大喝采が巻きおこる。そうして、ひと遊びをして、オスとメスは仲良く山に帰ってゆくのである。

この夜、ヤーザレをたのんだ家は七、八軒あり、その家をぜんぶついてまわった。泡盛やごちそうも用意してあり、見知らぬおじさんから、はいはい、どんどんのみなさい、たべなさい、といわれたので、そのとおりたっぷりといただいた。トイレに行きたくなったのだが、おじさんは、あそこの庭のかげでしなさいというので、そのとおりにしたのだけれど、あとで聞いたら、この家のひとではなかったみたい。よかったのだろうか。

幸人も獅子のなかに入って、拍手をあびていた。島のひとたちには、あの獅子ブサーは誰か、すぐにわかるらしい。

にぎやかなお盆の三日間は、あっという間にすぎさった。白保がふだんの静かな時間をとりもどした夜、ひばりじいさんが座敷でサンシンを奏でながら、唄をうたってくれた。すばらしい声だった。枯れていて、なおのびやかな声。八重山のすべてがここにあるような唄だった。べつの夜、保克のサンシンと唄が聞こえてきた。保克の声はほんとうにひばりじいさんそっくりだ。その唄に合わせて、とうちゃんのマンドリン、かあちゃんの大正琴が響く。親子の唄はいつまでもつづいた。その音色は白保の集落を吹く風にのり、夜の海を越えて遠くまでわたってゆくようだった。

あれから十七年がすぎた。保克は東京でファーストアルバムを発表したのち関西に拠点をうつしている。かずかずのアルバムを発表し、ライブには熱心なファンが詰めかけ、海外公演も多い。彼が作詞作曲した唄は、すでに八重山のスタンダードとして知られる。

九十を超える天寿をまっとうした、ひばりじいさん。さいごまでしっかりとした意識のまま、ご本人の旅立ちの言葉は「はい、終わり」だったそうだ。かっこいいなあ。ひばりじいさんは、保克のなかに生きている、保克の唄を聴くたびにそう思う。

ゆらてぃく組の花城八重子は島に帰って結婚し、ふたりの子どもの母親だ。元気でよく働き、会えばはじけるような笑顔は変わらず、踊りの稽古もつづけているという。野原健も結婚し子どももいて、いまでは竹富島をささえる中核としてがんばっている。たまに会いにゆくと「歳とったなあ」とわたしの顔を見ていうけれど、そういう健もすっかりおじさん顔である。

せんだってひさしぶりに白保の保克の実家に顔を出した。かあちゃんは、またもやわたしの挨拶をさえぎり、ごはんたべたの、といった。その夜は親戚たちの「模《も》合《あい》」（頼母子講《たのもしこう》のようなもの）のあつまりだという。月に一度それぞれお金を出し合って貯めておき、メンバーのひとりが入り用のときはそこから融通するという模合のシステムだが、みんなでたべたりのんだりしながら、おしゃべりに花を咲かすというのがいちばんの目的だ。とうちゃんが中心となって建築し（島のひとは家もじぶんで建ててしまうのだ)、全面改築となった家にあがる。

親戚のひとたちにまざってあれこれごちそうになっていたら、かあちゃんはふと思い出したように、あんた保克の友だちなの? というので、大笑いしてしまった。わたしが家でつくるアーサ汁はかあちゃんに教わったものですよ、といったら、そうねー、とほほえんだ。

ぐるくん

ぐるくん（タカサゴ）は沖縄人にもっともなじみ深い魚だろう。沖縄の県魚でもある。海中では青い魚だが、死んだときには赤い魚だ。これをパリッと唐揚げにするのがポピュラーな調理法である。二度揚げすると、アタマからバリバリたべられ、うまい。ぱりっとした皮、身は淡泊な味わい、ホロホロとしていてほのかなうま味がある。このぐるくん漁に同行したことがある。伊良部《いらぶ》島。宮古島の西約七キロにある島だ。そこで勇壮な追い込み網漁があると知り、たずねてみたのだった。アギヤーといわれる漁法だという。

伊良部島のことを教えてくれたのは、お笑い芸人の川満聡《かわみつさとし》だ。父が伊良部、母が宮古島の隣島・来間《くりま》島の出身という、宮古の濃度百パーセントの男だ。ずんぐりとした体型に、濃い眉、ひげ。劇団「笑築過激団《しょうちくかげきだん》」をへて、ひとりステージに立っていた。頭にタオルを巻いて、ニッカボッカに地下足袋という建築現場スタイルの川満シェンシェ〜（先生）。宮古言葉をくりだし、爆笑のうずを巻きおこす。とぼけているようで、ものすごくアツイ宮古のおじさんになりきっていた。

聡はほんとうにいいヤツだ。心根がやさしくて、純情で、面倒見がいい。日曜日には教会にかようクリスチャンだというのは意外だったけれど、たしかに真面目な人間である。本人は舞台に立つより、裏方の仕事のほうが好きだといっていたが、町を歩けば、あちこちから「川満シェンシェ〜」の声が飛び、聡も気さくに話しかける。そして何より、宮古への思いがつよい男だった。宮古人の感嘆詞「アバッ」を連発する。

宮古といえば「オトーリ」である。宴席にあつまったひとりが、まず口上をのべる。みなさまの健康を祈るとか、商売繁盛、ますます発展、といった内容で、このたびうれしいことがあったのでみんなで分かち合いたいという口上もある。子どもが学校に入ったとか、親がめでたく米寿を迎えるとか、そういうものだ。オトーリの場ではじめて披露する話もあるのだろう。そして、なみなみとつがれた泡盛の盃を全員に順にまわす。それを一気にのむ。それだけでは終わらない。つぎのひとが口上をのべ、また泡盛がまわる。その場のいちばんエラいひとだけではなくて、全員が口上をのべるというのもとてもいい。こうして十人の宴会なら十杯の盃がまわるのだが、一巡ですむはずもなく、二巡、三巡となるのだ。といっても、それはゆったりとしたペースで合間におしゃべりしたり、料理をつまんだりしながらすすめられる。

しかも、宮古人が愛飲するのはシマザケ「多良川《たらがわ》」もしくは「菊之露」ときまっている。その風雅なネーミングに似合わず、おそろしく濃く、匂いもつよい泡盛だ。人情の濃さが酒の濃度にあらわれている。のみほせば、拍手。もっとのもう、となる。こうやって、仲間たちや、客人をむかえてのオトーリは親密度がますのである。川満シェンシェ～も舞台のうえでオトーリをよくネタにしているけれど、本人もオトーリ好きだ。

宮古島からフェリーに乗って伊良部島へ。深い青の海にかこまれた島だ。海辺には真砂。その青と白のコントラストがあざやかだ。傾斜地にそって集落がひろがる。すでに聡が島の親戚に連絡してくれて、準備は万端らしい。漁業がさかんな島だが、遠く南太平洋やインド洋まで漁船にのるひともいるそうだ。戦前もパプアニューギニアまで出稼ぎ漁をしていたということだ。さまざまな危険な目にもあうだろう漁だから、ぶじに顔を合わせたときにはとことん語り合い、のむためのオトーリなのだろう。

明朝のぐるくん漁をひかえる船長の家にご挨拶をする。天気もよいようだから、大漁になるよ。それからわたしはふたたびフェリーに乗り、聡に教えられた宮古島の「すば」の店に行く。島には、その名も「大衆食堂」という食堂と「ねま」という店があるのだけれど、ねまに行き、すばを注文しておどろいた。でかい。大きなどんぶりに麺が山盛りになっている。いつだったか、聡の親戚のおじさんが那覇でいとなむ食堂に連れて行ってもらったことがあるのだが、そこの麻婆豆腐定食も信じられないくらいの大盛りだった。おじさんは「表面張力の限界」に挑戦しているという。

ねまのすばは、山盛りの麺の下に肉や細切りにしたかまぼこがかくれているのだがこれが宮古スタイルらしい。具の量もハンパではない。宮古人のおもてなしの気持ちは物量でしめされるのだ。これを受けとめなければなるまい。しかし、途中から麺が汁を吸ってふくれてゆき、どんぶりのなかを箸で「掘削」しているような状況になる。倒れそうなくらいのすばをたべきって、わたしはヨロヨロと伊良部にもどったのだった。

——そしてまだ暗い朝。漁港には海人《うみんちゅ》たちがあつまった。追い込み網漁は四、五艘の船で船団をくむ。わたしに司令塔となる母船に乗っていいよ、という。漁をするひとは女を嫌がると思っていたのだが、そんなことはないよ、船のいちばんてっぺんで、ぐるくんをとるのを見なさいといってくれたのだ。

いざ出航。海のかなたから太陽がのぼってくる。わたしはいちばん見晴らしのよいところに座って、涼しい風をあびながら大漁を祈った。オレンジ色に輝く海が、やがて白い光につつまれて、さわやかな水色の海になる。魚群探知機で魚を追う。三百六十度の絶景の海。どんどん陽がたかくなってくる。海の色はしだいに濃さをまして、深い青になっている。ついに、魚群を見つけたようだ。

そこからが目をみはるような展開だった。まず海中にひろく網をはる。船団は素早く移動し、円陣をくみながら魚を網に追い込んでゆく。船から数人の男たちが海に飛び込んだ。手には三メートルほどの棒のさきに数十センチの布をいくつもつけたハタキのようなものをもっている。それで海底をたたき、岩礁のあいだにいる魚を追い込むのだ。海人たちの動きは縦横無尽。そこが海のなかとは思えないくらい、潜り、動き、獲物を追う。船上ではしだいに網をせばめている。さらに魚を追い込もうと海のなかを疾走する男たち。まるで無重力の世界のようだ。

船が移動し、いくつもの船が息を合わせて、網をよせる。指令の声が響くわけではないのに、ぴったりと動きが合い、ほれぼれするドラマだが、スピーディーな動きについていけないほどだ。海面がキラリと光った。声をかけ合って網を引き揚げてゆくと、それがピチピチとはねる魚だとわかった。たくさんのぐるくん。黄色の魚、カツオもいるみたい。真っ青な海のうえに銀色の腹を見せ、踊る魚たち。すごい。大漁だ。男たちはつぎの作業へとうつり、魚を船にはこぶ。

ここまでで何十分とかかっていないと思う。うわー、と声をあげたのはわたしだけで、てきぱきと仕事をすすめる男たち。この日はもう一度、魚群をとらえて、意気揚々と港に帰ったのは、昼すぎだった。港には女たちが待ちかまえている。すぐに魚を箱詰めにして各地におくる仕事があるのだ。魚をおろし、船を清掃し、船長の家に夕方からあつまるからいらっしゃいといってくれた。

海に潜って魚を追った三十代の海人に話を聞いた。そのひとはながく本土で働いたそうだが、島に帰ってきたという。アギヤーの一員となるために、毎日ひとりで潜りの練習をしたそうだ。はじめはなかなか思うように動けない。彼の妻は、どんな状況の海でも動けるよう、それはいっしょうけんめいだったのよ、といい添えて、陽に焼けた夫は照れた顔を浮かべた。この島で働いて、家族と生きていけるのは幸せなことだというが、妻はどんなにおだやかな海の日でも心配でならない、という。高校生の息子が将来は海人になりたいといっていて、夫婦はうれしそうだった。

夕方、船長の家に行った。船団の海人があつまり、奥さんたちが用意した刺身のかずかず、そしてぐるくんもならんだ。ここではぐるくんも刺身でたべられるよ、とすすめられ口に入れると、甘くておいしい。漁の反省会もかねているようで、先輩海人が後輩にコツをやさしく教えたりもしていたけれど、すぐに楽しい宴会になった。みんな満ちたりた表情だ。

そしてオトーリになった。船長が大漁の感謝とともにみんなをねぎらう。わたしにも、今日はよく来てくれましたね、といってくれた。盃がまわる。濃い菊之露が、うまい。つぎのひとが口上をのべる。笑い声がはじける。盃がまわる。わたしの番になって、アギヤー漁のすばらしいこと、みなさんが力を合わせてとる魚をこれからも大事に味わいます、と話したがちょっと涙ぐんでしまった。盃がまわる。この夜はいくつまわったのか、よくおぼえていない。朝も早い漁だから夜更かしはできないのだけれど、今夜はトクベツといってスナックにくりだした。そこでも、とうぜんオトーリだ。たぶん、遠くからきたわたしを楽しませようと、眠る時間をけずってくれたのだと思う。

いまでもぐるくんをたべるたびに、伊良部の朝の海の光景や海人たちの顔を思いだす。力のかぎり働いて、いっぱい楽しみ、そして島で生きてゆく。あの海の男たちにとられたぐるくんは、きっと幸せだろうと思う。ぐるくん、海人たち、くわっちーさびら（いただきます）。

ひーじゃー汁

コロニア・オキナワ。オキナワと名づけられた村が、南米ボリビアにあるという。その話を聞いたとたん、行きたくなった。

沖縄は明治三十年代から海外に移民したひとが多くいることで知られる。ハワイ、アメリカ本土。ブラジル、ペルー、アルゼンチンなどの南米諸国。そしてフィリピン、インドネシア、マレーシアの東南アジア諸国。さらに南洋群島などにわたり、苦労しながら働き、生きてきた。近代沖縄は経済的苦境にあり、土地制度の変更もあって島で生きてゆく困難から未来への希望をたくして、海を越えていったのだ。いま、四世、五世の世代になり、海外に暮らす沖縄系人は約三十万人をかぞえるという。こんな唄がある。玉栄《たまえ》政昭作詞・作曲「ＩＫＡＷＵ　行かうー」（行こう）。

行かうー　南米ぬアルゼンチンぬ旅に
新天地や望《ぬず》でぃ　吉《ゆ》かる日や選《いら》でぃ
（略）
行かうー　かなし友小《どうしぐわー》　さらば　かなし兄妹《ちょーでぃ》
頑強《がんじゅー》しちたぼり　我ん親《うや》がなし前《めー》

（行ってまいります　南米アルゼンチンの旅／新天地をめざして　よき日をえらんで／行ってまいります　大切なともだち　さよなら　愛しい兄妹／いつまでもお元気で　わたしの父、母）

ボリビアへの移民も戦前から三百人ほどいたというけれど、本格的に移民計画がたてられたのは戦後の一九五一年である。米軍統治下、多くの土地が基地建設のため接収され、また終戦によって海外からの引き揚げ者の激増問題、不況のなかの失業などとともにボリビア革命（一九五二年）を支援した米国政府の意向もあったといわれる。

十年間で一万二千人をおくりだす計画で、第一回目の募集があった一九五四年には四百人の定数にたいして十倍の応募があったという。計画移民は六九年までつづき、そののちは呼びよせや自営開拓となった。その総数は三千数百人になる。

ところが、この移民計画はきわめてずさんなものだった。当初予定されていた土地は、大河リオ・グランデの氾濫で決定的な打撃を受け、村人たちは二回にわたる移動を余儀なくされた。ジャングルを開墾し、綿花などの作物をそだてたが、干ばつなどの自然災害に見舞われる。また熱病の発生によって十五人の死者もでた。困難な日々はながくつづき、やがてコロニア・オキナワをはなれ、アルゼンチンやペルーへとうつったひとも多い。そして近年ようやく大豆の栽培が成功して村は安定しつつあり、約七百五十人が暮らすという。

わたしがコロニア・オキナワをおとずれたのは一九九二年。沖縄は本土復帰二十年をむかえる年だったが、ボリビアからその歳月を考えてみたいと思ったのだ。とはいえ、知り合いもまったくいない。新聞記事をたよりに、この地に国際協力事業団から牧畜指導のため赴任している玉城《たまき》雄一さんを知り、一時帰国のおりに本人に会ってボリビア行きの計画を話してみたのだった。ひとりでくるの？　ちゅーばー（つよいひと）だね、といわれたけれど、いろいろと骨をおってくれた玉城さんのおかげでわたしは村に滞在することができたのだ。

ロスアンゼルスからペルーへ。首都リマで二泊してボリビアの首都ラパスへ。ここは標高三千六百メートルの都市だ。さらに国内線でサンタクルスへとむかう。ビルビル空港は草原のなかにあった。村から二時間半、車をとばしてむかえにきてくれた玉城さんたちがいて、コロニア・オキナワへと走る。その道のりに草原とジャングルがひろがり、ときおり村の灯りが見えた。

きょうはおどろかすことがあるよ、と玉城さんがいっていたけれど、村についてその意味がわかった。公民館のまえに何十人もの村のひとたちがいて、ドラム缶にくべられた薪の火で肉を焼く匂いがする。テーブルには料理がならび、にぎわっている。村のお祭りか何かなのですか、とたずねて、あなたを歓迎するためにみんなで準備したのですよ、と玉城さんがいうので、ほんとうにびっくりしてしまった。迷惑をかけることがわかっていて来たのに、こんなふうにしてもらえるなんて。

サルー！（スペイン語の「乾杯」）の声が響き、ボリビアの冷たいビールをのんだ。この夜からひと月、いろいろな家にまねかれるたびにこのサルーのもてなしをうけることになる。村人たちはウチナーグチで語り合い、二世、三世となるとそこにスペイン語がまざるけれど、ここが南米だということをふと忘れるくらい、そこは沖縄そのものの世界だった。

コロニア・オキナワは整然と整備され、家が建ちならぶ。公民館や村のひとたちがつくった学校もある。けれどもそこをすこしはなれれば、大草原とジャングル、そして茶色の水が勢いよく流れるリオ・グランデという雄大な風景だ。どこまでも地平線がひろがり、高く青い空。

お世話になったのは、大城淳成《おおしろじゅんせい》さんと由美子さん夫妻の家だ。ともに四十代なかば。家族とともに移民して、村で知り合って結婚。一時はアルゼンチンにも住んだが村にもどり、いまでは百数十ヘクタールの大豆畑をもつ。たくましい淳成さんと、元気で明るい由美子さん。彼女とはすぐに気が合い「まるで姉妹のようだね」といわれるほど仲良くなってしまった。大城家の一室に泊まり、コロニア・オキナワのひとたちにいろいろな話をたずねる毎日だった。

由美子さんは料理上手だ。食卓にならぶのは、ほとんどが沖縄料理で、沖縄ふうの豚肉をたっぷり使った甘い煮つけ、テビチ（豚足）。煮つけには昆布やこんにゃく、沖縄ふうの大ぶりのカマボコが欠かせないのだが、この具もちゃんと入っている。たずねたら、こんにゃくは芋の粉と石灰を合わせてつくるところからはじまり、カマボコはリオ・グランデに生息するばかでかい川魚をとり、すり身にして揚げるというのである。貴重品は昆布で、たまに沖縄の親戚から送られるものを大切に使っているということだった。わたしはじぶんの思いのいたらないことを恥じた。お土産に昆布をもってくるべきだったのに、そういうことにも気づかないなんて。それなのに、この貴重な昆布をたっぷり出してくれるのだ。

ナーベラ（へちま）やゴーヤーは庭で栽培しているものをチャンプルーにしてくれる。その皿には沖縄ふうのかたい豆腐も入っていた。それは本土のものとはちがう沖縄の「島豆腐」そのものだ。大豆の香りがプンとする。また朝食には「ゆし豆腐」（豆腐がかたまるまえの汁気の多い豆腐）もあった。むかしから沖縄のひとはふわふわした豆腐が大好きだ。喉ごしもよく、どんなに食欲がない朝でもこれをどんぶり一杯たべれば、仕事に出る力になる。村には老夫婦がつくる豆腐があって、毎週きまった日に村の雑貨店で売られるそうでみんなが楽しみにしている。

由美子ねーねーの妹分みたいになったわたしは、あっという間に村になじんでしまった。雑貨屋のおばさんとゆんたく（おしゃべり）したり、食堂をいとなむ比嘉《ひが》夫妻のところで南米の飲み物チーチャをごちそうになったりした。この比嘉食堂にはボリビア人もたくさんやって来る。おじさんがつくる牛のスープが大評判なのだ。ボリビアにやってくるまえからずっと夫婦ふたりで力を合わせて生きてきた。

あるおばあさんがボリビアまでやってきた理由を語ってくれたときは胸がつぶれる思いだった。沖縄戦のさなか、幼い子どもとともに山のなかを逃げまどってカエルまでたべて生きのび、終戦を迎えたのだが、その五年後に勃発した朝鮮戦争で沖縄が出撃基地となった。また沖縄が戦場になるのか。あんな思いは二度としたくない。「ボリビアがどこにあるのか知らなかったけど、どんな荒れ地の開墾でも戦争よりは苦しくないだろう、そう思ったよ」。いま、ようやくおだやかな日々をおくれるようになって、むかし沖縄でおぼえた琉球舞踊をまたはじめ、村のひとたちに教えているという。舞踊の新作にも挑戦し、衣装もつくる。でも、ゲートボールも忙しいよ、と笑った。

サンシンを弾くおじいさんがいると聞いて、会いにいった。そのサンシンは手作りのもので、ボリビアの大地にそびえるかたい木を棹《さお》にしたという。初期からの移民で、ジャングルを開墾するところからはじまった。一日の仕事を終えた夜、ランプの灯りの下でサンシンをつまびくことが唯一のなぐさめになったという。このおじいさんはちいさな大豆畑をもっている。老夫婦だけなので、大規模にやるのは無理だけれど、その畑を夕陽のなかでながめていると「これがわたしの人生だった」と満ちたりた気持ちになると語った。都会に出た子どもたちにいっしょに住もうといわれているが、このままここで人生を終えるつもりだという。夜、サンシンをつまびいて眠りにつく。

村には大規模農業や大型の牧場経営が成功したひともいれば、移民した当初と土地のひろさも変わらないままというひともいて、格差はできつつある。それでも沖縄人としての紐帯《ちゅうたい》は変わらない。村には共同の墓地もあって、美しい花が供えられていた。

すでに沖縄ではうしなわれつつある行事もここではしっかり守られている。正月にはむかしの沖縄がそうだったように、各家をまわって挨拶をしてお酒を酌み交わす。その言葉にはわたしの知らないウチナーグチがあって、ふるい言葉だということに気づいた。また宗教は沖縄の先祖崇拝と、熱心に布教活動をしてきたキリスト教とが混在しているようで、マリア像とともにトートーメー（沖縄の位牌）がある家もめずらしくない。娘や息子の世代ではボリビア人と結婚することも多くなり、しだいに沖縄文化がなくなってゆくのではと心配する声もあったけれど、わたしにはコロニア・オキナワにいまの沖縄よりもよほど濃密な沖縄らしさがのこっていると感じたのだった。

滞在するなか、村で結婚式があった。新婦は本土出身でコロニア・オキナワの小学校の先生。新郎は北海道出身で海外青年協力隊の一員としてやってきた。ふたりは村で知り合い、ここに暮らすという。沖縄人ではないけれど、村人たちみんなで新婚夫婦の門出を祝う。

結婚式の数日まえから比嘉食堂を中心にごちそうの準備がはじめられた。食堂には各家から「シンメーナービー」といわれる沖縄の大鍋があつめられた。かつて沖縄を旅立つときに、もってきた鍋だ。むかしは沖縄のどの家にもあってシンメーナービーひとつで料理がつくられたものだが、いま家庭で見かけることはすくなくなった。こちらで揚げ物、あちらで煮物とおおわらわである。ごはんを炊くのが上手なひと、この料理の最終的な味つけはこのひと、と分担があるようだが、ぜんたいの陣頭指揮をとるのは由美子さんだった。わたしもお手伝いにくわわりながら、みんなとおしゃべりしていたら、ケイちゃん、手をやすめたらだめだよーと、由美子ねーねーのゲキがとんだ。

そして当日。公民館には白いテーブルクロスをかけたテーブルがずらりとならび、女たちが用意したのり巻き、煮つけ、沖縄ふうの天ぷら、ボリビアふうの酸味をきかせたサラダ……。メインはやはり薪でつぎつぎと焼く牛肉やソーセージで、こちらは男たちの担当だ。

コロニア・オキナワの男たちはみんなおなかが出ている。肉がおいしいからねえ、と笑うが、顔つきもほとんど南米のひとと変わらない感じだ。こんなエピソードを聞いた。

「ブラジルのサンパウロに行ったときに、むこうから男が来てね。ポルトガル語で話すし顔つきからしてもブラジル人だろうなと。言葉がよくわからなくて、ぼくは、あい、わからんなーとつぶやいたらよ、そのとたん相手が、あぎじゃびよー

（ウチナーグチの感嘆詞）、やー（あなた）はウチナンチュどーやー、というのでびつくりしたよ。それですぐ仲良くなってよ、一晩じゅうのんださあ」

南米には九州など日本各地の移民とその末裔も多いけれど、やはり沖縄人どうしだととくべつ親密な感じになる。南米各地に沖縄の出身村の同郷会があって、さかんらしい。移民初期にはひとつの村から集団で移民し、のちには故郷から呼びよせていった経緯もあり、いまも出身地の言葉がとびかうということだった。

さて結婚式がはじまった。その光景は八重山で見た結婚式の光景とまったく同じだった。沖縄の結婚式では「余興」といわれるお祝いの芸がたくさん披露されるが、コロニア・オキナワも負けてはいない。子どもたちの南米ふう輪舞、空手の実技、そして琉球舞踊を舞うのは、あのおばあさんの指導をうけた女のひとたちだ。とても上手。そしてカチャーシー。村のひとたちのほとんどがあつまり、笑い、たべ、サルーの声が何度も響く。そして夜が深まると、ラテンのリズムの音楽がながれ若者たちがかっこよく踊りだす。おお、すてきなドレスに着替えた由美子さんもかっこいい。もちろんわたしも夜中まで踊ったのだった。

村をはなれるまえの日。わたしのためにお別れの宴をひらいてくれるという。用意してくれたのは、ひーじゃー（山羊）汁だった。シンメーナービーにその朝、男たちがつぶした山羊がぐつぐつと煮えたぎる。村でもめったにはたべないひーじゃーなのに、いちばんいい山羊をととのえてくれたのだ。ひーじゃー汁に欠かせないたっぷりのフーチバ（よもぎ）もそだてている家からもらってきてくれたという。塩味の汁。濃厚な山羊のダシがでていて、肉もおいしい。なかでもトロッとした血管は沖縄でもたべたことがなかったけれど、火がとおるとほそいレバーのようでとてもおいしい。皮はコリコリ。肉はシコシコ。サルー、サルー。夜がふけてゆく。

帰ったらコロニア・オキナワのことを沖縄に伝えてくださいね。みんなほんとうに苦労した。もう故郷に帰ることはないかもしれないけれど、あの海の美しさを忘れたことはないし、沖縄人であることをずっと誇りに思ってボリビアで生きてきたと、どうか伝えてくださいね。

わたしはひーじゃー汁をたべながら、涙でぐしょぐしょになってしまった。泣いたらだめだよ。ケイちゃんがここにきてくれたこと忘れないからね。生きていれば、また会えるよ。

行かうー　くりし別り　手《てぃ》と手握《にじ》てぃさびら
頑強《がんじゅー》しちたぼり　御身体《うからだ》大切《てーしち》に
島ぬ事《くとう》や　忘《わし》やびらん
うみはまてぃ　福てぃ戻《むどう》やびら
あがと離りたんてぃ　くまどぅ我ん故郷《ふるさと》

（行ってまいります　これでお別れですね、手と手を握り合いましょう／どうかお元気でいてください　おからだを大切になさってくださいね／島のことは　忘れません／いっしょうけんめい働いて　しあわせになって戻ってまいります／どんなに遠くはなれても　島がわたしの故郷なのですから）

コロニア・オキナワのひーじゃー汁。あんなにうれしくて、あれほどせつなくなった味はない。けれど、村のひとたちは、あたらしい人生をもとめて旅立ち、ここにたどりついたのだ。みんなが故郷を忘れないように、わたしもコロニア・オキナワを忘れない。多くの苦労をかさね生きてきたこと、旅人のわたしをやさしくむかえてくれたこと。いま、わたしの旅立ちなのかもしれない。行こう。手と手をにぎり、お別れしましょう。

マンゴー

沖縄を旅してうれしいのは、たくさんのフルーツをたべられることだ。濃厚な味の島バナナ、クニブ（みかん）、パイナップル、パパイヤ、グァバ、ライチ……。ちかごろはめずらしいものがたくさん登場した。

切り口が星のかたちになるスターフルーツ、あざやかなバラ色でふしぎなかたちのドラゴンフルーツ、パッションフルーツ、森のアイスクリームといわれるアテモヤ、しゃりしゃりとした食感のレンブなど。一年じゅうフルーツがあり、新鮮なものをたっぷりとたべられる。むかしは沖縄みやげといえばパイナップルが定番だったけれど、ちかごろだんぜん人気なのは、マンゴーである。パイナップルの生産量を追い越して、ずいぶんたつ。

オレンジ色のとろりとした実は、甘くて、かおりもよくて、あっという間にスターの地位にのぼりつめた。どんどん品種改良がなされているようで、見目麗しい美人になっている。沖縄のマンゴーが本土に出荷できるようになったのは、一九九三年のウリミバエの根絶によるものだ。瓜類の害虫、ウリミバエとの戦いと根絶のドラマもじつにドラマチックなのだけれど、それはさておこう。時期になると友人や親戚からマンゴーが届くのがわたしの楽しみだ。大きなスプーンでしゃくって口に入れるときの幸福。ちかごろは沖縄産マンゴーに強敵もあらわれた。九州各地でつくられているけれど、沖縄のマンゴーにがんばってもらいたい。

沖縄のフルーツ産業に大きな貢献をしたのは、石垣島に入植した台湾人だということを知ったのは、台湾を取材していたときのことだった。

那覇から石垣を経由して台湾にむかう船に乗ったのだけれど、石垣からの乗船客が中国語も話すので、彼らに話しかけてみてわかったのだ。そういえば石垣島には本格的な中華料理を出す店が多いのもふしぎだったのだが、島には数百人の台湾系住民が暮らすと聞いて納得した。たくさんのお土産をもって台湾への里帰りをするという。ちなみに台湾と石垣の距離は二百二十キロほど。石垣から那覇へは四百十キロだから、石垣島にとって台湾のほうがずっとちかい。

石垣島に台湾人がやって来たのは昭和六年にさかのぼるそうだ。日本統治下の台湾では総督府の保護のもと日本の大手資本によって、大規模なサトウキビ栽培と製糖が行われていた。砂糖は台湾最大の輸出産業だったのだ。そのころすでにさかんになっていたパイナップルも有力な産業となっており、総督府は積極的に押しすすめた。

ところが、こうした施策により、自らの土地をうしなった台湾人農民が続出し、あらたな耕作地をもとめた台湾人が石垣島に入植したのがはじまりだ。国境もない時代だった。個人で来るひともいれば、百人、あるいは三百人といった集団でも台湾からやって来た。台中出身の林発《りんぱつ》という人物が中心となって、パイナップル畑がつくられ、缶詰工場が整備されていった。

当初は島の開拓のために歓迎された台湾人だが、やがて島のひとたちとの摩擦もおきる。彼らのすぐれた農業技術に危機感をもたれたという。またマラリアが流行っていて、島のひとたちは何よりもおそれたが、台湾人農民は栄養をとることにつとめたという。山羊を飼って乳をのみ、野菜を栽培して食糧とし、川のすっぽん、エビなどをたくみに料理したという。台湾の食文化の背景があって、彼らは生き、働くことができたのだ。この話はボリビアのコロニア・オキナワのひとたちに聞いたこととかさなった。

どんな足跡があったのだろう。ちょくせつ話を聞けるひとはいないかと石垣島で探して、あるひとを介して嵩田《たけだ》という地区で農業をいとなむ島田長政さんに会うことができた。ほんとうは収穫でとても忙しい時期だったのに、昼のやすみの時間をわたしのためにさいてくれたのだ。島田さんはいま、きれいに手入れされた庭がある家に暮らしているけれど、父親から苦労した話を聞いてそだったという。

彼の父親、廖見福《りょうけんぷく》氏は台中生まれ。石垣島の農業に貢献し、また島の台湾人のために尽力したひとだ。彼は昭和十年ごろ、二十三歳のときに基隆《キールン》から船に乗ったのだが、南洋、シンガポール、どこへ行こうかと考えて、けっきょく石垣島に降り立ったのだそうだ。すでに林発のパイナップル会社があり、ここで働き、家族を呼びよせた。戦後すぐに嵩田地区でパイナップル栽培をはじめる。島田さんはそんななか生まれたのである。

いまでは整備され、美しい畑がひろがる地区だけれど、開墾は苦労の連続だった。かつて本土から来た日本人開拓者もいたが、あまりに厳しい環境に逃げ出したというほどの土地だった。それでもここに入植した台湾人は力を合わせて生きた。親たちは厳しい農作業の日々がつづいた。そして子どもたちは一時間半も歩いて小学校に通わなければならず、早朝からの農作業の手伝いもあり遅刻してしまう。そこで嵩田地区の台湾人たちは土地を寄付し、資金をあつめ、校舎も協力して建て、分校の開校を実現させている。

けれど戦後、台湾人にとって大きな問題があった。国籍問題である。日本の敗戦と同時に日本在住の台湾人は外国人とみなされ公民権をうしなってしまった。在留許可証をもつことが義務づけられ、選挙権もなく、金融公庫の融資も受けられない。国籍問題は、進学や就職、結婚にも支障をきたす。そこで、廖見福氏らが中心となって、子どもたちの世代が日本国籍をとれるようにうごきだした。それが実現したのは昭和四十六年のことだったが、廖見福氏本人は帰化しないまま一生を終えたという。子どもたちは日本名をもったが、台湾人としての姓名の一文字ものこしていると聞いた。いま石垣島に暮らす台湾人の多くは日本国籍だ。

島田さんにいろいろとお話をうかがっていると、奥さんがおいしいマンゴーをふるまってくれた。やはり、とても甘くていい香りがするけれど、このひとつの果実にながい年月の苦労があると思うと、とてもひとくちでは味わえないような気持ちになった。島田さんは農業ひとすじに生きて、石垣島の女のひとと結婚。ふたりの子どもたちも成長してすでに独立している。

「ぼくは石垣島で生まれ、沖縄の友人のなかでそだったから台湾人という意識は希薄かもしれないな。父が子どもたちの日本国籍取得にこだわったのは、これからここで生きてゆくために必要だと考えたからでしょうね。でも父は台湾人として誇りもあったし、帰化はしなかった」

家のなかでは祖母や父親が台湾語を話していたという。むかしは台湾人であることでひどい言葉を投げつけられたこともあったらしい。

「台湾人がパイナップルや果樹を栽培して石垣島の農業の基礎をつくったのはまちがいないですよ。日本本土から石垣島に入植した人間のなかには島の土地を買い占め、それを売り払って財産をつくって去ったひとも多かった。でも台湾人でそんなことをしたひとはいない。それが誇りですよ。台湾人は農業のノウハウをのこしたのですから」

三十代になって島田さんはフルーツ栽培の勉強をするために台湾にかようようになる。そこで得た知識を石垣島にもち帰り、研究をかさね独自のくふうもくわえていった。彼がマンゴー栽培にとりくんだのも早かった。パイナップルは衰退のきざしがあって、それに代わるものをいろいろ挑戦してみたのだという。果物はほかの農作物にくらべても、その時代の流行が左右し、あらたな商品の開発、好みの味の研究がもとめられる。そしてもう大規模農業、農協だのみの時代ではない。ちいさな規模でも、めざす農業のありかたを考え、島のひとたちといっしょに実現してゆかねばならないと考えている。

マンゴーの栽培はとてもむずかしいそうだ。繊細な果実で台風などの自然災害も脅威となる。ひとつひとつの実を愛おしむようにそだて、うまく実が熟してもいっぺんでだめになってしまうことがある。島田さんは自然落果するまでまち、出荷するのがもっともおいしいマンゴーになると考えて、試行錯誤をかさねているのだけれど、全国に彼のマンゴーのファンがいるようだ。ひとに贈られた島田さんのマンゴーがあまりにおいしくて、じぶんで注文するようになるというケースが多く、年々出荷がふえているそうだが、この「味」にはほんとうに魅力がある。

島田さんは流通の問題も考えている。いままでのシステムに疑問をもち、生産者が消費者にちょくせつ届ける方法を模索した。全国の米や野菜をつくる農家と連携して、あたらしいルートを開拓しようと意欲的だ。年に一度はこの仲間たちと会い、それぞれの経験をもちよっている。いま、日本にはこうした意欲的な農家がたくさんいると知って、わたしもうれしくなった。仲間たちとアメリカに出かけて種子やあたらしい作物の研究もしているといい、とても自信に満ちた話しぶりだった。島田さんの精力的な行動は、かつて台湾人が石垣島に農業のノウハウを伝えたように、未来への大きな力になると思う。

フルーツの味わいはほんとうにひとをしあわせな気持ちにさせる。でも色とりどりのフルーツがわたしたちに届けられるまでのことにも思いをはせたい。

石垣島で台湾人コミュニティの場を知るのは、年に一度行われる「土地《とち》公祭《こうさい》」というお祭りだ。台湾人の信仰によるもので、多くの台湾人があつまり線香をあげる。島には台湾人の共同墓地もあって、たずねてみた。沖縄の墓によく似ているけれど、墓の色や装飾が華やかで台湾らしさが感じられた。その墓のまえで手を合わせると、どこからか甘い香りがただよってくるようだった。

台湾へはわずか二百二十キロの距離だけれど、ここで一生をまっとうしたひとたちがいる。多くのひとたちに知られるべき歴史だと思う。

いかすみ汁

沖縄料理について語るならば、食堂をとりあげなければならないだろう。安くて、量がたっぷりあって、味がいい。どこにでも気軽に入れる食堂があって、わたしもよくふらりと入る。

知られているように、沖縄の食堂は単品ではなく定食スタイルである。「みそ汁」とあれば、豚肉もしくはポークランチョンミート、豆腐、野菜がたっぷりと入ったどんぶりのみそ汁とごはんに漬け物。あるところで「おかず」というメニュウもあって悩んだのだけれど、おかずの定義は店によってちがうらしく、わたしが入った店は野菜炒めの定食だった。けれど店の主が「これが、おかずだ」と宣言すれば、それは「おかず」として受けとめるしかないというところは、超芸術にも似て、なかなか楽しい。

前の晩にのみすぎた日には「ジューシー」がある店に行く。ジューシーとは「雑炊」だ。ジューシーにはふたつあって、炊き込みごはんの「クファジューシー」と、やわらかい雑炊「ヤファラジューシー」とがある。わたしがよく行く店は、やわらかい雑炊のもので豚からとったダシ汁にみそで味をつけ、たくさんのフーチバ(よもぎ)が入っていて、これが二日酔いにはぴったり。しかも、これに「ゆし豆腐」の汁と、なんと刺身までつけてくれるのである。となると、まずは刺身で生ビールということになり、あれ、二日酔いをなおしに来たはずなのに……という矛盾におちいる。

沖縄本島の北から南まで、あちこちの食堂に入ったし、島でもかならず食堂に入る。こころやすらぐというか、のんびりした気分になる。東京の大衆食堂はどこかせかされているような雰囲気があるけれど、沖縄ではゆっくりできて、考えごとなんかもしてしまうのである。たいしたことは考えていないが、原稿のことなど急にひらめくこともあってふしぎな作用がある。アタマに血がめぐる空間なのかしら。それとも壁にずらりとあるメニュウを読んでいるだけで活力がわくのかしら。

なかでもいちばんお気に入りだったのは「清《きよ》ちゃん」という食堂だ。那覇の公設市場をまっすぐ行って、わき道を入ったところにある。ふるい木造二階建てで民家だったらしいのだが、看板ひとつあるわけではない。看板どころか入口もなく、客は縁側から入るのである。脱いだ靴は隅にきちんとそろえておく。十畳ほどの座敷に食卓が三つほど。そこの客はほぼ全員女のひと、それもおばあさんである。涼し気なワンピース姿で、ずらりと座っている。みんなひとりできているようだが、会話がはずんでいる。今日は那覇に買い物に来てね、とか、ちょっと用事があったとか、そんな会話ではじまり、あとはさまざまに展開してゆく。

わたしもここに入ったら、軽くみなさんに会釈して、やかんにたっぷり用意されているサンピン茶（ジャスミン茶）を湯飲みにつぐ。あたりを見まわして、つぎましょうかと声をかける。あい、姉さんお茶もらおうね、といわれれば、はいはい、とつぐ。

清ちゃんのメニュウは日替わりで三種類のみだ。煮つけ、刺身、テビチ（豚足）、チキンフライ、天ぷらなど。きょうは何ですか、と聞けばその日の三つをあげてくれるのだけれど、それがすごいことになっている。煮つけは、厚い三枚肉がごろんとあり、昆布、こんにゃく、大根が山盛りなのだ。時間をかけて煮てあって、甘さがきいていてすごくおいしい。これに酢の物など小鉢がふたつ、そしてごはんに汁もの。汁もすばのときがあって、そのヴォリュウムに圧倒されるのである。揚げ物にしても、数種類があちこーこー（熱い）でやってくる。刺身もまぐろがどーん。すき焼きは甘い牛肉に白滝、そしてレタスが煮てあって、これもおいしかった。

このセットが六百円。かよいだしたころは五百円という驚異のプライスなのだ。ダシも丁寧にとってあって、とてもやさしい味。ゆっくりたべはじめると、おばあさんが「姉さん、どっから来たの」と話しかけてくるので、東京からですけど両親は沖縄人なんですよ、と答えると、お父さん、お母さんは元気にしているの？　いえ、じつはもう亡くなったんですけどわたしは沖縄が好きで……、それは孝行しているのと同じだよ、なんてことになり話がはずむのである。

店の「清ちゃん」というのは、玄関だったところを改造した厨房で忙しく働くおばさんの名前が「清子さん」だからということなのだが、このひとのてきぱきとした働きぶりは見ていて気持ちがいい。フライや天ぷらなどつぎつぎと揚がるあぶらの大鍋。煮物の鍋。いくつもの鍋から湯気が立ちあがっていて、その匂いがただよう。厨房は高温になっている。清子さんは汗をぬぐいながら手をやすめない。料理をはこぶ女のひとがいて、二階に駆けあがって注文をとり、また駆けあがってはこび、片づけて、茶碗を洗い、お会計をして、と大忙しである。ここに来る男の客はたいてい二階にあがる。いつしか、そういうことになったみたい。ここでは男のひとは肩身がせまそうである。

おばあさんたちの会話はほんとうにおもしろい。わたしにはわからないウチナーグチもあるのだけれど、家族のことから時事問題まではばひろく、情報交換もかねているらしい。それを買うならあそこの店がいいよ。さいきんの那覇市の役所はどうかしている。まったくだねえ。うちの孫が学校に入ったさあ。よかったねえ。わたしは宮古から出てきて……、あい、わたしも宮古だよ。なかにはひざが悪いらしく、ちいさな腰掛けを店にキープしておくひともいた。そしておしゃべりはつきないのである。

それにしても、これだけの量を彼女たちはたべきれるのだろうかと心配になるけれど大丈夫。壁にビニール袋が用意されていて、のこったものはもち帰るのである。煮つけの肉はひとつたべて、ひとつは夜のおかずにしよう、そういって袋に入れている。わたしもたべきれないときはそうして、夜にホテルでたべたのだけれど、つめたくなってもとてもおいしい。

清ちゃんには週に一回、いかすみ汁の日があった。これは大人気で、いつにもまして店は混む。いかのすみを使った真っ黒な汁だ。いかすみ汁は滋養によいといわれていて、独特の香りと風味が沖縄人は大好きなのだけれど、古波蔵保好はこう書いている。

「およそあらゆる料理の中で、これほどまずそうな色はなく、匂いにも品がなくて拒絶反応を起こさせるのは、ほかに類いがないと思われるのに、イヤイヤながら何度も口にするうち、いつの間にか魅力のトリコになってしまう」（『料理沖縄物語』）

保好おじさまは海のものが苦手だったから、こんなふうにいっているけれど、そのおじさまさえ籠絡するいかすみ汁なのだ。

つくり方は、かつおぶしのダシで豚肉といか、ニガナというその名のとおりの苦い野菜をやわらかくなるまで煮る。仕上げにいかすみを流しこむのだが、味つけは塩少々。かつおぶし、豚のダシをつよくしなければ、いかすみに負けてしまうのだろう。いかの食感、アクセントとなるニガナ。ぷうんといかすみの匂い。からだのなかの内臓が一斉に眠りからさめて、じわじわと元気になってゆくような感じだ。これを家でつくるのはむずかしい。

清ちゃんは、いつも大鍋にたっぷり用意してある。いか一杯からとれるいかすみの量などすくないもののはずだが、ここには沖縄じゅうのいかすみがあつめられたのではと思うくらい濃厚なのだ。「いかすみ汁の日」だから、お客さんはひきもきらないし、容器をもってきておもち帰りだけのひともいる。そして、座敷でぱくぱくとたべるおばあさんたち、その口のまわりも歯も真っ黒になっていて（もちろんわたしも）、そのさまも壮観である。月に一度、ここに来て栄養をつけるよ、と黒い口でにっと笑う。いかすみ汁はふつうのメニュウより百円だけ高くしていたけれど、それでもいい材料をふんだんに使い、手間をかけたものだから、とても採算が合うとは思えない。

清ちゃんは昼だけの営業だ。あるとき、三時ちかくになってよってみたのだが、店の営業は終わっていて、縁側にひとり清子さんが座っていた。くったりと疲れた様子だった。東京からくるときはここに寄るのが楽しみなんですよ、おからだに気をつけてくださいね、と声をかけた。清子さんは、あの料理のかずかずを準備するために、朝早くから立ちっぱなしなのだろう。もう歳だからねぇ、いつまでつづけられるかわからないけどね、みなさんがいらっしゃるからがんばりますよ、といってくれた。また寄りなさいね。こんど清子さんにロングインタビューをしてみたいと思ったけれど、あの料理に清子さんのすべてがあるような気もして、わたしはためらったのだった。

那覇に行くたびに清ちゃんにはかならず寄ったが、あるとき、閉店のお知らせの張り紙があった。ながいあいだ、ありがとうございました、と書かれているだけだった。すぐ近所の家の軒先におばあさんがいたので、清ちゃん店を閉じたのですね、とたずねてみたら、からだがキツくなったって、残念だけれどしかたないねえということだった。お疲れさまでした清子さん。いまごろはのんびりしているのだろうか。

なじみの食堂はあってあたりまえのような気になるけれど、なくなってみると、そこはおさない日の家庭のように、あのときが意識もしない幸福な場だったことがしみじみとわかる。清ちゃんのおいしい料理をたくさんたべられてほんとうによかった。おばあさんたちが、ぞろりと真っ黒い口もとで楽しそうに食事をしていた場にいられて、よかった。いま思いだして、口のまわりをぺろりとなめてしまう、そんないかすみ汁だった。

鶏飯

貴《き》島《じま》康《やす》男《お》は、いまどこにいるか知らない？

そんな質問を何度くりかえしただろう。一九七七年、奄美大島生まれの若きウタシャ（唄者）だ。彼の唄のみごとさは中学生にしてすでに知られていたのだけれど、一時活動を中断していたことがあり、二十歳になって地元奄美の「セントラル楽器」からアルバムをリリース。そのキャッチコピーは「あの康男が帰ってきた」というほどに期待されるウタシャだ。ライブ活動もはじまり、東京で彼の唄を聴いたわたしはいっぺんで魅了されてしまった。それはすばらしい声だった。のびゆく高音。遠くまで響きわたる繊細な旋律。それまでにも奄美の島唄は聴いていて、すばらしいものだったけれど、康男の唄はどのウタシャともちがい、透明な美しさにいろどられていた。

そして彼の目も、印象的だった。茶色のようで、うすいブルーのような瞳は、ただ遠く一点を見つめているだけだった。その若さには思えない、揺るぎのないもの、大きな力、ひろがり。それに圧倒された。

奄美の島唄は、沖縄の民謡とはまったくといっていいほどことなる。沖縄の民謡が浅く遠い海に届くものとすれば、奄美の島唄は深い森のなかに響くような感じがある。旋律としても、奄美群島の徳之島までが日本の民謡音階で、沖永良部島から琉球音階となるのだけれど、唄にこめられる詩の世界もずいぶんとちがう。暮らしに根ざした描写、伝承の物語が静かな言葉でつづられ、それゆえにつよく胸にせまってくるのだ。元《はじめ》ちとせのデビューによって、奄美独特の裏声を使った歌唱法、こぶしなどが知られるようになったが、このことも新鮮なおどろきをもってむかえられたということだろう。

東京で康男に話しかけてみて、その人柄もとてもよかった。となれば、彼が暮らしている奄美に行ってみなければ……、そう思いたってわたしは友だちと奄美に出かけたのだ。

飛行機の窓から見下ろした奄美の島々の光景も、沖縄とはまったくちがう。複雑な地形をした島々がつらなり、青い海にかこまれた島の大部分をしめるのは深い、深い森だった。わずかに海岸線にある平地に集落があって、となりの村とは森林にへだたれている。いまではトンネルも通るけれど、かつては隣の村へも海岸伝いに船でわたったということだ。この地形がシマ（集落）ごとの個性的な島唄をはぐくんだということも理解できたのだった。

奄美のウタシャは、唄だけで生活を維持することはなく、仕事をもっている。康男は家をつくる大工であり、漁協の会員でもある漁師だ。康男の釣り好きは尋常ではない。一週間や十日、岩場に泊まり込んで、岩にからだをくりつけて釣りをするというのだから。

康男のもとには東京のレコード会社がひっきりなしにおとずれたが、メジャーデビューする気はまったくない。きめているのは四十歳になったらアルバムを出すというだけだ。シマで働いて、シマで遊んで、シマでうたう。それが康男の生きかただった。

携帯電話にかけても彼が出ることはめったにない、というのはよく知られていた。私と友だちは、奄美にいるうちに会えればいいねといいながら、島のあちこちを歩いた。その複雑な地形ゆえに、沖縄のような大型ホテルが進出することはなく、集落は美しいたたずまいを見せてくれた。海辺に屋根がかさなるようにある集落。子どもたちが遊びまわる声がはじける。クリスチャンが多い奄美には集落にちいさな教会がたくさんあって、その姿がかわいらしい。

雨の降る夜、康男と連絡がついた。これがきわめて奇跡にちかいことだったとはのちに知ることになる。会うことができたのはウタシャの西和美さんがいとなむ店「かずみ」だ。カウンターと座敷の店だが、和美さんがつくるシマジュリ（奄美料理）がたっぷりある。フキの煮物、骨つき豚肉と野菜を煮たウワンフネ、アザミを使ったアザンギヤッセ。カツオの煮物。甘い味つけで、材料の風味をいかした野趣がある。沖縄のものとはちょっとちがう。ソーミンチャンプルーはこちらでは油ぞうめんと呼ばれ、ぐるくんも赤うるめと名乗る。それらの料理はソテツの実「ナリ」からつくったみそがいいアクセントになるのだ。これをたべながら、黒糖酒。ぴったりの相性だ。

康男は音楽仲間やその両親も呼んでくれ、店で島唄の「唄遊び」となり、渋い声を聴かせてくれる。三味線とチヂン（太鼓）。つぎつぎとくりだされる島唄。きっと奄美にかよいつめることになるな、そう確信したわたしたちだった。

康男の唄をもっとたっぷり聴きたいと思って、東京でのライブを企画した。わたしと友だちは、いつもそんなふうにじぶんたちが聴きたいと思いたつと、ちいさなスペースを借りてライブをしてしまう。新良幸人とサンデーも「八重山ナイト」と題して、ずいぶんつづけたが、康男にもぜひやってもらいたかった。タイトルは「奄美ナイト」。ゲストに八重山の大島保克を招いた。じつは保克と康男はライブの出演者どうしとして知り合い、おたがいの唄が大好きだという仲だったのだ。

下北沢のちいさな劇場でのライブだったが、すばらしい一夜になった。とはいえ、そのときも公演当日まで康男とは連絡がまったくとれず気を揉んだのだが、時間どおりにあらわれてほっとした。携帯電話、釣りをしているときに海に落としてさ、というのが康男のいいぶんだったが、保克は「康男はいつもそういっている」と笑うのだった。

それから奄美の二十代の若いウタシャと知り合い、仲良くなった。奄美ナイトに出演してくれた山下聖子。松元良作。二回目の奄美ナイトに出演してくれた中村瑞《みず》希《き》と山田葉月。吉原まりか。喜界《きかい》島出身の牧岡奈美。オリジナル曲をうたう福永幸平。みんなそれぞれ仕事をもち、うたっている。おだやかで純粋で、島唄がこころから大好きな彼らと話すのが楽しい。彼らのつながりの深さや奄美への思いは、むかし八重山の「ゆらてぃく組」のメンバーと知り合ったころをわたしに思いださせた。

奄美でいちばん好きな料理はなに？　と彼らにたずねると、みんな「鶏飯《けいはん》」といった。ごはんのうえに、さいた鶏肉、椎茸やにんじんを煮たもの、錦糸卵などをのせて、鶏からとったダシをかける一品だ。店や家によって味つけや具がことなるらしく「わが家の鶏飯」があるらしい。島にいったら、ぜひたべてね。

そのとおり、奄美へ行くと、あちこちで「鶏飯」の看板を見かけた。何軒か入ってみたけれど、たしかに味つけが微妙にちがう。うす味の鶏のスープをたっぷりとかけ、サラサラと口に入る。具がほどよいアクセントになり、どんぶりで二杯、三杯とすすむ。むかしはぜいたくな料理だったというが、奄美の島人には沖縄の「すば」のような、もっともポピュラーで、島をはなれたひとたちにとっては故郷をなつかしむ一品のようだ。

新宿に奄美料理をだす「まれまれ」（奄美言葉で「ひさしぶり」の意）という店があると知り、そこではときおり島唄のライブもあるのでかようようになった。知り合ったウタシャたちもよく登場する。ここのシマジュリもとてもおいしい。冬瓜とブリ、揚げ豆腐の煮物。豚レバーのみそ漬け、塩豚。そしてシメに鶏飯。黒糖酒もがんがんのみ、島唄に酔い、店にたくさんやってくる奄美人たちのシマ言葉の会話に耳をすませていると、すぐさま奄美に行きたくなる。

康男にいっしょに出会った友だちはカメラマンなのだが、わたしたちは奄美に行く口実をつくろうと雑誌の編集部に奄美の企画をもちこんだ。もちろん旅しているだけでもじゅうぶん楽しいのだけれど「取材」という名目があれば、ぐいぐいとインタビューもできるし、さまざまな場に行ける。資料も読みこんでじぶんたちが奄美を知ってゆく、ちかづいてゆく、その感覚がおもしろい。仕事の条件は「われわれを放し飼いにすること」。編集者の同行も必要なし。奄美で知り合ったひとに教えられたことにすぐ反応して自由に取材をすすめたいのだ。キミたち遊びに行きたいだけなんじゃないの？　と疑われても、そんなことはないといいはったのである。そうして奄美でたくさんのひとに会えて、とても親切にしてもらった。

芦花部《あしけぶ》という集落をぶらぶら歩いていたら、道端で宴会をしているおじさんたちに出会った。旅をしているのですが……と声をかけたら、よくきたね、はいこれたべなさいと豚汁をあたためてくれ、パパイヤの漬け物や黒糖酒をごちそうになった。大島紬を織るひとや市役所につとめているひとたちだった。芦花部を舞台にした「芦花部一番」という島唄がありますね、といったら、シマいちばんの美女をうたった島唄をよく知っているねとよろこんでくれ、酒をついでくれる。東京に帰ってお礼の手紙を出したら、返事がきて「芦花部ボーイズより」とあった。

康男が小学生から師事する坪山豊さんの家にもおじゃました。坪山さんもずっと船大工として働き、島唄をつづけてきた。康男の唄を聴いたはじめての出会いで「奄美の島唄の将来を背負ってゆく人間だ」と確信したとうかがった。ウタシャの声質（うーぐい）は、色にたとえられる。黒声（くるぐい）は素朴な声質。黄声（きいぐい）は高い声。その中間の赤声（はーぐい）はもっとも島唄に適した声で、康男はそのもち主だった。夜空に響く声を色であらわすところが奄美の人びとの鋭い感性を思わせた。康男の才能はその声にもまして「唄を感じるこころ」があることだと坪山さんは語る。

奄美の島唄には基本的に「流派」というものがない。師事する師匠に一対一でならい、それは親子の関係にも似ているのだけれど、康男と「豊おじちゃん」は、まさにそんな感じだ。

康男は島唄をまったくうたわなかった時期、鹿児島にでて働いていた。あるとき、仕事帰りの車のなかで、とつぜん島唄をうたいたくなり、うたってみたら声がでた。変声期も終わっていて、まえにはうたえなかった唄がうたえた。歌詞の意味もよくわかるようになっていたことにじぶんでおどろいたという。その瞬間になにがなんでも奄美に帰りたくなって、親方に引き留められたけれどシマに帰ってきた。鹿児島にいた四年間、坪山さんには電話一本しなかったのに、家に行くと坪山さんはひとこと「おお、康男」といっただけで、その夜はふたりでずっと島唄をやったのだという。

わたしたちの奄美通いは回をかさねた。龍郷《たつごう》町の秋名《あきな》という集落で「種子《たね》おろし」という行事にもおじゃました。二日間にわたる収穫祭だが、家々をまわりながら、男女の掛け合いのウタが響き、みんなが輪になって踊り、夜が更けてもつづく。ごちそうが用意されていて、お酒もふるまわれる。わたしたちもわずかなご祝儀を用意したのだけれど、太鼓を打ち鳴らして名前を読みあげてくれたのはとてもうれしいことだった。

この秋名の生まれのウタシャで山田武丸さんというひとがいる。八十八歳のとき、息子さんが中心となって制作した武丸さんの唄のCDアルバムが発売された。それを聴いてすばらしさに感動したわたしたちはぜひご本人にお目にかかりたくなった。お話をうかがえれば、と思っていただけなのに、なんと唄の仲間をたくさん招いてくださり、今夜は唄遊びをしましょうといってくれ、一晩みなさんの島唄をたっぷりと堪能したのだ。武丸さんの声は、のびやかな高音。女のひとたちのやわらかな囃子がより添って、圧倒的な唄の世界がひろがった。「唄は好きという気持ちが何より大事」と武丸さん。戦前、遠く満州の開拓団の一員だった若い日も、島に帰ってから農作業に汗する歳月も島唄がささえてくれたという。

その日、テーブルにはたくさんの料理とお酒が用意されていた。遠慮したらだめですよ、ここはシマですから、といわれてその言葉に甘えてたくさんいただいたのだった。煮物や天ぷら、宇検村《うけんそん》で朝とってきたというカワエビの唐揚げなど、わたしたちのために準備してくれたのだとわかり、そのやさしさに胸がうたれた。島唄は、ほんとうに酔うということをこのときに知った。その響きに頭の血がめぐり、ちょっと意識がとぶような感じにさえなるのだ。

　奄美に行くたびに康男に連絡したけれど、ひょっこりあらわれていっしょに釣りをしたこともあれば、滞在中には会えずじまいだったこともある。友だちが携帯電話にメッセージをのこしたら、半年後にまるでさっきメッセージを聞いたみたいに「電話くれたの？」という返事がくることもあった。康男に連れて行ってもらった飲み屋をたずね歩いて捜索活動めいたことをしたこともあったけれど、つかまらないときはぜったいにつかまらない。でも、康男はきっと島のどこかで元気にしているよね。

　あるとき、わたしたちは奄美の島々をまわる取材をしていた。奄美大島で康男を探したけれど、まったく見つからず、今回はあきらめるしかないねといい、徳之島の取材にむかったのだった。徳之島は闘牛のさかんな島として知られるが、たしかに壮観だった。闘牛場にひとがぎっしり。これと見込んだ牛を何年もかけて家族みんなでそだて、トレーニングをかかさず、ようやくハレの舞台に出すのだ。激しい牛の闘いが展開する。その試合の合間に島唄の披露があるという。

あれ？　闘牛場のまんなかに立つのは、坪山豊さんと……、康男だ！　ヤスオ、ヤスオと叫び、ようやくわたしたちに気づいた康男はにっこり笑って「きてたの」といっただけだった。ここにわたしたちがいるのがとくべつふしぎとは思わないみたい。坪山さんは徳之島の闘牛をうたった「ワイド節」をつくったひとだから、ここで会うのはふしぎではないけれど、それにしても、すごい奇跡のように思えた。その翌朝、康男を拉致するみたいに奄美大島行きの飛行機にいっしょに乗って、夜は康男が暮らす集落の居酒屋でのんだ。お父さんや親戚のおじちゃんのこと、康男の話は腹がよじれるくらいおかしくて、いつまでも聞いていたいのだけれど、彼の島唄も聴きたいな。いいよ、といってつぎつぎとうたってくれた。

それから二年ちかく、康男とはまったく連絡がとれなかった。島にいないのかもしれない。沖縄の民謡歌手でも康男のことが大好きなひとたちがたくさんいて彼と連絡をとりたがっていたのだが、やはりつかまらないという。そのひとも釣り好きで、あるとき沖縄本島中部あたりの海に船を出して釣りをしていた。けわしい岩場でひとり釣りをやっている男がいたのでちかづいてみたら、康男だった、という話を笑いながらしていた。すでに康男は伝説のひとのようだ。

いつも友だちと康男は元気かな、と話していたある日、またしてもとつぜん康男から電話があった。東京の郊外のある町で一年ほど働いていたという。その夜に会いにゆくと、つい一週間まえに別れたばかりのような顔をして、ヤキトリたべようというのだ。

あれこれ聞きたいわたしたちに、仕事仲間の愉快な話や、大好きな釣りのことなどを話してくれて大笑いした。ライブやってよ、というと、こっちに来て島唄をうたいたくなったから、知り合いにたのんで老人ホームでときおりやっているよ、とのことだった。おじいちゃん、おばあちゃんの好きな歌もまぜて、ちょっと元気になってくれたらいいなあ、という。おじいちゃんたちがうらやましくなったのだけれど、いつか康男の唄を聴ける日までわたしたちは待っていよう。でもその夜はカラオケボックスにくりだして、康男の島唄をたっぷり聴くことができたのだ。やっぱり康男の唄はいい！

いつでも会えるような気がしているから、ふたりには連絡しないんだよ、と康男はいう。そうか、じゃあ、こんど会える日を楽しみにしているよと、いうしかない。とはいえ、懲りもせずしょっちゅう電話してみるのだがさっぱり返事はない。

いま、康男はどこにいるのだろう。あれからまた何度か奄美に行っている。奄美の料理を味わい、鶏飯をサラサラとたべ、黒糖酒をのんで、康男に会いたいなあと思うばかりなのだ。

くうぶいりちー

　わたしたち一家が椎名町をはなれたのは、母が死んだ年の秋だった。父の退職金をもとに母とも相談してきめていた、郊外のひばりヶ丘というところに土地を買い、家を建てたのだ。母は家の完成を楽しみにしていたけれど、設計図もできないうちに死んでしまった。

　椎名町をはなれるさみしさはなかった。それよりもまあたらしい二階建ての家に暮らせることがうれしかった。もう冬の寒い日にお風呂屋さんに行かなくてもいいし、使い勝手のいいキッチンや個室もある白い壁の家が、これからのわたしたちの家族に幸せをもたらしてくれると思えた。「ひばりヶ丘」という、とってつけたような名前の駅もピカピカしたあたらしさを感じさせた。

ひばりヶ丘はいち早く大規模な公団住宅が建設されたところだけれど、わたしたちの家は駅をはさんで反対側にあった。新興住宅街として開発されたばかりで、周囲にはキャベツ畑や蛇行したままの川、豚を飼う農家もまだのこっていた。田舎だなあと思ったたし、椎名町にあるような商店街もないし、中学校にかようにもバスを使わなければならないようなところなので、ずっと顔見知りのひとたちに囲まれて玄関も開け放して暮らした長屋の雰囲気とはずいぶんちがうけれど、そんなこともあまり気にはならなかった。

家が完成して家族で見に行った日をよくおぼえている。キャベツ畑をまがったところに、忽然といった感じであたらしい家がならぶ一画にわたしたちの家が見えた。ねえ、お父さん走っていってもいい？　いいよ。私は走りだして、その家のまえに立った。まだゴロゴロとした石がのこっている庭だけど、ここにいろいろな植物を植えたら、もっとすてきな家になる。ちいさいけれど門がある。ひろくとったダイニングとリビングはフローリングだった。十畳すこししかなかったはずなのに、わたしたちは、わー、体育館みたいだねとはしゃいだ。

父の部屋は一階の日当たりのいいところ。ほんとうはここに母がいて、ゆっくりやすみながら好きな編み物でもしたはずなのに……。お母さんに見せてあげたかったね、家族のみんながそういった。父は都庁を定年退職していたけれど、嘱託というかたちで月に十八日間の勤務をつづけた。まだ末っ子のわたしが中学生だったし、彼も六十歳になるまえだから働く意欲はたっぷりあった。都庁のときと変わらず、紺やグレーのスーツを着て、仕事にむかった。それでも正月に届く年賀状はがたりと減り、現役をしりぞいたという事実を彼につきつけたのかもしれない。

その年のクリスマスには兄や姉やわたしの友人たちを招いてクリスマスパーティーをした。窓には明るい色のカーテン。リビングには大きなテーブル。カーテンと同じ布でテーブルクロスをあつらえた。父がえらんだ照明はモダンなオレンジ色のシェイドで、それも華やかな感じがして、クリスマスにぴったりだった。フルーツポンチ、チキンの唐揚げ、サラダ、サンドウィッチ……。ステレオで母が好きだったタンゴのレコードをかけた。その音楽に合わせて、陽気に踊る父。みんな笑った。毎年、こんなふうにパーティーをしようね、そういった。

やがて姉は結婚して家をでた。つとめをしていた兄ともうひとり大学生の兄がいたが、ふたりとも外で遊びほうけていて、家にいることはすくない。家はひろくなったのに、父とわたしだけの夜が多くなった。あたりは畑だらけで夜になるとシンとしたたし、近所のひとたちもみんな引っ越してきたばかりで親しくなるということもなく、それぞれ鍵をしめて行き来もない。父は夕食後に沖縄の本などをとりだして、わたしに沖縄の歴史や先祖のことなどをずいぶん話して聞かせてくれたものだ。

ときおり今夜はのむからという父の電話がある。かよいなれた椎名町や池袋の酒場でむかしからの友人たちとのんでいるようだった。理髪店もまえと変わらず椎名町の店にかよっていた。やはり父にとって居心地のよい場所は椎名町だったのだ。そこに行けば、顔なじみのひとたちがたくさんいておしゃべりをし、酒を酌み交わす。それがほっとする時間だったのだろう。椎名町には父と母が大恋愛の末に結婚したときからのわが家の歴史が刻まれたものがそこかしこにあったけれど、新興住宅街には、何もなかった。それでもようやく手に入れたわが家を美しくしようと、父はやすみの日に庭をととのえて、いろいろな植物を植えた。ちいさな薔薇もあったし、季節の苺やちょっとした野菜、そして黄色の大きな花は沖縄から種をとりよせた「ゆうな」だった。

月に一度ほど、父は釣りに出かけた。川の釣りが好きで、釣りの雑誌を読んでつぎに行く場所をきめていたようだ。わたしもよくお伴をしたけれど、中学三年ごろ、友だちに父親と釣りに行くなんておかしい、といわれたことから、なんとなく数をへらすようになった。あるとき、明日の釣りは行かないわと宣言してしまった。翌朝、父はひとりで釣りに行ったようだが、ごみ箱にチョコレートやお菓子が捨てられてあった。父はすこし短気なところがあったのだ。このお菓子はわたしのために用意したもので、父はわたしと行くのを楽しみにしていたとわかって、泣きたくなってしまった。それから父がわたしをさそうことは二度となかった。

申し訳ない気持ちになったけれど、かといっていっしょに行こうともいいだせず、せめてもの気持ちで父の釣りのお弁当はこしらえていた。梅干しは釣りびとに縁起がわるいと聞いたので、それは入れないおにぎり、卵焼きや、暑い日でも腐らないようにくふうした煮物。お弁当にはかならず手紙を入れた。たくさん釣れるといいね、とか、帰りは気をつけてね、とか他愛もない内容だ。それでも父はこの手紙を楽しみにしていたらしい。姉たちは、まったくお父さんのご機嫌をとるのがうまいんだから、とわたしのことをからかったけれど、わたしは父がごみ箱にお菓子を捨てたときの、お詫びのような気持ちだったと思う。

父のようすがしだいにおかしくなったのは、わたしが高校生になったころからだ。陰鬱な表情を見せることが多くなり、いらいらとした感じになっていた。兄たちは身勝手なことばかりしているし、わたしも友だちと遊ぶことが多くなって、父は孤独になっていったのかもしれない。けれど、ほんとうの理由は母がいなくなったことだろう。ウチナーグチで語り合う妻がそばにいない。そのことが彼の精神をしだいに不安定にさせていったのだろうといまにしてわかる。父と母の結婚は、沖縄で暮らし、家を継ぐことを望んだ父方の祖父からよろこばれたわけではなかったとはそのころ知らなかったけれど、ふたりは戦前からのながい年月をいっしょにつむいできたのだ。それがプツンと途切れ、父ひとりが母との思い出のひとつもない新興住宅地にのこされてしまった。

父はむかしのように陽気な冗談をいうこともなくなった。庭の、ゆうなの花をただながめているばかりで、声もかけられない感じだった。からだもよわっていたようで、夕食がすむと、ぐったりとふとんにからだを横たえるようになった。目が白くにごっていたから白内障の傾向もあったのかもしれない。池袋や椎名町の酒場に寄ることもすくなくなっていたが、たまにのんで帰ると、ひどい酔いかたをするようになっていた。

家族はばらばらになってしまい、そのありようはずいぶん変わったが、それでも正月にはみんなあつまり、このときは父も元気になった。父は、母が生きていたころから正月の支度を上野のアメ横でととのえていて、年末にはリュックを背負って買い出しに出かける。まぐろやカマボコや乾物。これ、いくらだと思う？　とうれしそうにたずねるので、ちょっと高めにいうと、いやいやもっと安いよ、と値段を発表し、わたしがおどろくと、父はすこし得意そうだった。

その年の正月。父と手分けして正月料理を用意したのだけれど、父がつくったのは「くうぶ（昆布）いりちー」だった。沖縄料理に昆布を使ったものが多いのはよく知られているが、そのなかでも、くうぶいりちーはもっともポピュラーな一品だ。短冊に切った昆布、豚の三枚肉、こんにゃくなどを炒めて、砂糖、醤油などで味をつけ、煮たものだ。けれど、それまで父がくうぶいりちーをつくった記憶はない。その正月にはじめてたべたはずだが、とてもおいしいものだった。とろりとやわらかな昆布、やさしい味。父もお酒をのんで、まえのように明るい表情を見せた。

家にあつまった姉たちもくうぶいりちーおいしいね、お父さん。といって父をよろこばせた。でも、正月があけたら、病院に行って検査を受けてね。痩せているもの、と父にいった。父は病院嫌いだった。母がながいこと入退院をくりかえしていたし、父じしんも結核で入院していたことがあり、とにもかくにも病院の空気そのものが苦手だったらしい。それでも今回ばかりは、うん、検査を受けてみるよといったのだった。

それから数日後、父は釣りに行った。よかった、釣りに行けるほどに体力はあるのだな、と考えたのだけれど、その日に帰宅した父は釣りの道具を片づけず、リビングにのこしたままふとんに入ってしまった。釣りから帰ると、丁寧に釣り竿の手入れをするのも楽しみだったようなひとだから、オレンジの照明の下に放りなげたように置かれた釣りの道具は、父の疲労を感じさせる以上に、いいしれぬ不吉なものがこの家にしのびこんでいるようだった。

その日から三日ほどして父は椎名町の病院に検査に行くといった。もっと大きな病院のほうがいいのではないの、といったけれど椎名町の病院にするといった。そして玄関までおくったその姿が、永遠の別れになってしまったのだ。病院で検査を受けたあと、容態が急変し、医師がどのような処置をほどこしたのかわからないが、その夜にとつぜん死んだ。

正月のおいしいくうぶいりちー。リビングに放りなげられた釣りの道具。あのときから別れの日がちかづいていたのだろう。父が、母と暮らしはじめ家族をもった椎名町で息をひきとったことも、偶然ではなく、彼じしんがそこをえらんだと思えてならなかった。六十二歳だった。

父にくうぶいりちーの思い出を聞いたことはなかったけれど、それは懐かしい沖縄の味だったのかもしれない。父は実母を早くにうしなっていて、おさないころの家庭はあまり幸福ではなかったようだが、いっしょに暮らした彼の祖母がとてもやさしいひとだったと話していたから、父にとって「おばあちゃんの味」だったのではないだろうか。そう思うと、父がつくったくうぶいりちーの、あのやさしい味がわかるような気がする。あれは、女のひとがつくるくうぶいりちーだった。それをさいごのごちそうにして、父はわたしにさよならもいわず、ひとり沖縄の空に帰ってしまったのだろう。

あたらしい家を走って見たあの日からわずか五年後、父の葬儀はこの家でいとなまれた。ひばりヶ丘の家でいまも目に浮かぶのは、庭のゆうなの花だけれど、父が死んだあとからのことは思いだしたくない。兄がとつぜん結婚して、父を知らない女のひとがきた家にわたしの居場所はなくなった。わたしは父がいなくなった二年後にこの家を出てしまったのだけれど、そのころから沖縄への旅をくりかえすようになったのだった。

ひばりヶ丘の家はずいぶんまえに取り壊された。やはり、あたたかい気持ちで思いだすことができるのは、椎名町の家だ。夏、鳳仙花が咲いた庭。父がつくってくれたぽうぽう……。

ごぼう巻

木枯らしの季節になると、いつだって吹いているはずのビル風がにくたらしくなる。もともと寒いのが苦手だし、ぽとんと音をたてるように陽が早く落ちてしまうのもいやなのに、そんな町にビル風が追い打ちをかけるようにつよい風を巻きおこして、せきたてられているような気になる。
こんな日におばちゃん、どうしているかな。わたしはおばちゃんの顔が浮かぶと、すぐに壺屋にむかうようになっていた。新宿駅から歩いて十数分。バブルのときにもなんとかのこった一画も再開発の計画があり、大きな通りは地下鉄工事がすすんでいた。そこを歩きながら、どうかおばちゃんがいつものように店にいますように、と祈るような気持ちになるのだった。

知り合って、長い時間がたっていた。年齢を聞かれればいつも「六十九歳」と答えていたけれど、八十歳を目前にしたおばちゃんは、体力的なおとろえも目につくようになっていた。いぜんのように、あれこれ料理をととのえておくのもつらくなっていたようで、しだいに品数がすくなくなってしまうのもしかたがないことだった。

おばちゃん、声をかけて店に入ると、ひとりぽつんと座っているおばちゃんがいる。いつものように真っ白いかっぽう着姿で、それを見るだけでもひと安心した。よく来たねえ、今夜もお客さんいないよ、とおばちゃんは笑い、わたしは、ちょうどいいよ、今夜はふたりでのもうぜと明るい声でいった。寒くなると、暖房のない店では七輪をだして大鍋に豚の内臓をコトコトと煮込む匂いが満ちている。おいしそうだねえ、これひとつ。そしていつものように冷蔵庫からビールをだして、おばちゃんとふたりの宴会がはじまるのだった。

もうあまりのめないよ、とおばちゃんはいうけれど、何杯かのむうちに調子もあがり、メンソールのたばこを買ってこい、とわたしに命令するころにはいつものように音痴な歌をうたっていた。つぎはわたしがうたう、といって両親に教えられた沖縄民謡をうたうと「へたくそ」と笑い、それにしても里々ちゃんの娘とのんでいるなんて「ひとの出会いとは不可思議なものだねえ」とつぶやくのだ。この「不可思議」というのはおばちゃんの口癖だった。その言葉が口からでるとき、おばちゃんはほんとうに不可思議そうな顔をした。ちょっと天井に目をやって首をかしげる。那覇で生まれた大正時代から、平成の新宿成子坂下にいたる現在まで「不可思議」の連続だったというように。

おばちゃんとそうしているうちに、常連のお客さんもぽつぽつと顔を見せる。近所で江戸小紋の染め物をやっているひとや、ずっと店にかよっていた沖縄出身のひとたち。ほんとうはみんなおばちゃんのことが心配で気になると店にやってくるのだが、そんなそぶりも見せないところがやさしいひとたちだった。そしておばちゃんはいつものように「バカヤロ」を連発しながら、料理を用意してくれる。

あんだぁの壺があるガス台のまえに立つと、おばちゃんの表情はキリリとする。口もきかず、野菜や肉をそろえ、火の加減を見て、鉄鍋から煙があがった瞬間にすばやく材料を入れ、鍋をふるう。わたしはそんなおばちゃんの姿を見るのが大好きだった。こんなときに話しかけたら、にらまれる。おばちゃんの味つけはいつも一発でピタリと決まり、あんだぁがからまったゴーヤーやマーミナ（もやし）、豆腐のチャンプルーができあがる。

こうなると、そろそろ泡盛をのみたくなる。壺屋には泡盛の瓶があって、ひしゃくで「カラカラ」という沖縄のこぶりの酒器にそそいでくれる。この店の名前が那覇のやちむん（焼き物）の町「壺屋」に由来するように、おばちゃんはいい沖縄の食器をそろえていた。とりわけカラカラはかわいらしくて、ひとりちょっとずつ盃でのむにはぴったりの酒器だ。ゆったり、ゆったりとのむ。このカラカラで、ずいぶんいろんなひとが泡盛をのんだのだろうねえ、というと、おばちゃんは、そうだねえ、まだ学生だったころにここにきて、それから沖縄に帰って大学の先生になったひともいるよ、みんなどうしているかねえと遠い目をするのだった。

おばちゃんの足のつけねあたりにがんが見つかったのは八十一歳になる年だった。ずっと足が痛かったのにがまんしていたという。そしてついに入院することになった。高齢のこともあり手術はしないときまったけれど、いつ退院できるのかはわからない。それでもおばちゃんは店をしばらく休店ということにして、復帰する日がくると信じていたのだ。病院に見舞うと、口だけは達者だったけれど、しだいに自力では歩けなくなっていった。

それにしても日本の医療制度はおかしくて、高齢のおばちゃんに三度にわたる転院をしいた。さいしょは壺屋のちかくにある大学病院だったけれど、それから埼玉の所沢、都内の高円寺へとうつっていった。病院が変わるたびにしだいにおばちゃんは元気がなくなっていったが、それでもわたしの顔を見るとカラ元気をだしているのがわかった。退院したらまた新宿で遊ぼうね、おごってあげるよとおばちゃんがいう。おお、車椅子でのみあかそうといって笑った。

おばちゃんとの別れの日がちかづいているとは考えたくなかった。

お見舞いに行くたびに、壺屋のことを心配するおばちゃんにどんな話をしてよいのか、わからなくなったわたしは料理のことを話題にした。壺屋の料理の本をつくればいいよ、そんなことを口実にすれば、おばちゃんは料理のことをいきいきと話してくれたのだ。まえから聞こうと思っていたのだけど、おばちゃんの「ごぼう巻」はとくべつおいしいよね、あれ、どうやってつくるの。

ごぼう巻はポピュラーな家庭料理だ。ごぼうを芯にして、豚のロースの薄切りを巻き、甘辛く煮た一品。おばちゃんのごぼう巻は、ごぼうの風合いをのこしたうえでやわらかくしてあって、さらに、肉もかたくならずにとろんとした感じがあるのが特徴だった。どの料理本を読んでも、ごぼうに肉を巻きつけて煮ると書いてあるのだけれど、それではおばちゃんのような仕上がりにならない。

おばちゃんは、ベッドのうえから身をのりだすようにして話しはじめた。

まず、ごぼうは新鮮なものをえらび、水にさらしすぎないこと。いいか、ごぼうはアクがあるというけれど、それも風味なんだよ。そうか、人間と同じだね、アクも味のひとつなのね、というとおばちゃんは笑った。そうそう。

それをダシ、砂糖、醬油、泡盛でコトコトと煮る。煮あがったら、しばらく鍋のなかで落ちつかせること。それから、豚肉をきっちりと巻きつける。さいしょからごぼうと肉をいっしょにして煮てはだめだ、ごぼうと肉が出会うのには準備がいる。なるほど、これも人間と同じだね、いきなり仲良くはなれないということ？おまえはうるさい、黙って聞け。はいはい。

だいじなのはこの肉だ。肉を見る目がいるよ。あぶらみがすくなければ、ごぼうとは合わない。ごぼうにはないねっとりとした風味、かといってあぶらみが多すぎては肉の味がまさり、ごぼうの魅力を消してしまう。そして豚肉にもごぼうの風味を添わせる。そのためにごぼうを煮た汁で、肉を巻きつけたごぼうをさっと火をとおすようにするんだ。手早く、肉がかたくならないように。さいごに煮詰まった汁をからめることで、すべてのものがひとつになる。

料理というのは、ちがうところで生まれそだった材料が仲良くなって、おたがいのいいところをひきだして、あたらしいものになることなんだ。いい出会いであれば、ずっと仲良くいられて、みんなに好かれる料理になるんだよ。出会ったことすら忘れてしまうくらい、あたりまえの組み合わせになるんだよ。丁寧につくれば、きっとおいしくなる。

わたしはこの話を聞きながら、こころのなかで泣きそうになってしまった。だって、おばちゃんそのものだもの。壺屋の店、そのものだもの。そしておばちゃんは、いま思いついたというふうに、こんなことをいった。「ねえ、恵。おねがいがあるんだけどさ。わたしが死んだら骨は沖縄の海に流してくれないかな」。

……そんなこといわないでよ、といいたいけれど、ここでしんみりしてはわたしたちらしくない。「いいよ。おばちゃんの骨にキラキラした金粉もまぜて、ぱーっと派手に海にまいてあげる。ビールもいっぱい流してあげる。あの世に行ったら、ビールのお代わりじゃんじゃんしてよ」。よし、頼むよ。おばちゃんが笑った。ほんとうに、おばちゃんはつよいひとだ。でも見舞客も帰った夜にはひとり泣いているおばちゃんも目に浮かんでしまうのだった。

ついにおばちゃんが壺屋を閉店すると決めたのは、それからしばらくしてからのことだった。車椅子になってしまったおばちゃんに店の片づけはできないというので、親戚のひとたちが店を整理してくれるというのだけれど、その話をするおばちゃんはとてもさみしそうだった。ねえ、おばちゃん。一度、おばちゃんが壺屋のお客さんになってみたら？　そうわたしが思いついたのは、やはりおばちゃんじしんによって幕をおろしてほしかったからだ。壺屋のさいごを見届けるのはおばちゃんしかいない。わたしが店をあける準備をするよ、なにも心配しないで。お客さんとして威張っていればいいよ。

そうしてくれるとうれしいよ、おばちゃんは顔をほころばせた。常連客に案内状を出すと、ずっとおばちゃんのことを心配していたお客さんたちがやってくると連絡があいついだ。しばらくぶりでビールのケースを注文した酒屋さんも、おばちゃんのことを心配していて、冷えたものを届けてくれた。料理もすこし用意したけれど、もちろんおばちゃんの味にはかなわないことはわかっていたから、かんたんにつまめるものにした。

いくら親しくなってもけっしてカウンターの中には入らせなかったおばちゃんだけれど、そこに立ってみてとても狭いことにおどろいた。ずっとここで立って仕事をしていたおばちゃん。ガス台のそばのあんだぁの壺が空っぽになっていて悲しくなった。ここにたっぷりのあんだぁがそそがれることはもうないのだろうか。

お客さんのひとりが病院から車椅子のおばちゃんを連れてきてくれた。店はすでに満席だ。入口から、照れた顔でおばちゃんが入ってくると、みんな笑顔になった。みなさま、ようこそおいでいただきました、と頭をさげるおばちゃんに「おばちゃんらしくないよ」と声がかかると、すぐ「バカヤロ」といいかえし、いつものおばちゃんになった。乾杯の音頭はおばちゃんだよ、早くのませろ。いつもと変わらないふうにしているお客さんたちのやさしさだった。おばちゃんはうるさいといいつつ、ちいさな声でカンパイといった。

お医者さまに一杯だけならいいといわれていたビールもぐびぐびのむおばちゃん。そのうちに、お客さんたちがおばちゃんにあんなひどいことといわれた、殴られたといいだすと、おばちゃんは「おまえがバカだからだ」。やがてお客さんがさらにふえ、扉をはずして外でのむ客たちもいる。まだ沖縄が遠かった時代、いつもこんなふうにしてのんだんだよ、あの日がもどってきたみたいだねえとおばちゃん。さいごに煤で黒くなった天井をみわたして「壺屋はほんとうにいい店だねえ」とつぶやいた。

おばちゃんはその翌年の夏のはじまりに死んだ。八十二歳だった。もっとしてあげられることがあったはずなのに、わたしはおばちゃんとの別れがこわくて、なにもできなかった。でもね、おばちゃんと出会ってからのこと、そしておばちゃんの料理の味わいは、ほんとうに満ちたりた「わたぶんぶん」の時間だった。わたしたちはいい友だちだったよね。わたしはこれからどんなふうに年老いてゆくのかわからないけれど、おばちゃんはわたしのいい先生だった。人生はいろいろなことがおこるだろうけれど、あの甘いあんだぁみたいに、あの世からわたしをやさしくつつんでほしい。

おばちゃんは都内の墓地に眠った。親族できめたことだからわたしが口をだすことではないけれど、沖縄の海に骨を流してほしいというおばちゃんとの約束をどうにかして果たしたいと考えていた。あの壺屋さいごの日、わたしはおばちゃんにおねがいして、カラカラをひとつゆずってもらっている。そのカラカラをもって波照間《はてるま》島にむかうことにしたのは、パイパティローマと呼ばれる最南端の島のさきに「ニライカナイ」（楽園）があるというふるいいい伝えがあるからだ。骨ではないけれど、おばちゃんにより添ったカラカラを葬るとしたら、波照間の海しか考えられなかった。

島にむかう船の甲板に立って、青さがます海に壺屋のカラカラをぽーんと投げた。午後の陽の光がきらきらと輝く海。空が高い。壺屋のにぎわいを知っているカラカラ、たくさんのひとが泡盛をそそいだカラカラ、おばちゃんのあんだぁも浴びたカラカラ。それは海にすぐ吸いこまれていった。おばちゃん、ニライカナイの海はきれいだね。見える？

おばちゃんにたくさんの料理を教わったけれど、やはりちがう味になってしまう。おいしい料理をつくるのはレシピでも技術でもなくて、「てぃあんだぁ」、手からにじみでる愛情のあぶらだ。料理をこしらえる手がちがえば、同じものにはならない。そのときの、そのひとの「手」だけが、その料理を生みだせる。料理をつくるひとがいなくなれば、その味はこの世から消えてしまうのだ。二度と味わえないからこそ、記憶のなかで鮮明になる。

わたしの手にも、てぃあんだぁはあるのかしら。これからも料理をつくって、みんなによろこんでもらえるようにしよう。じぶんのためにもきちんと料理をこしらえて元気にしていよう。そうして、いろいろな場所に出かけておいしい料理をたくさんたべて、おもしろいひとたちにいっぱい会えればいいな。わたしが人生を終えるとき、「くわっちーさびたん」（ごちそうさまでした）としめくくることができたらいいけれど、でもやっぱり人生は「不可思議」なことの連続なのかな、おばちゃん。

カラカラが沈んだ場所がしだいに遠ざかる。わたしのまえには青い海がひろがり、船は波間をすすんでゆく。陽がかげるまで、あとどれくらいの時間があるのだろう。

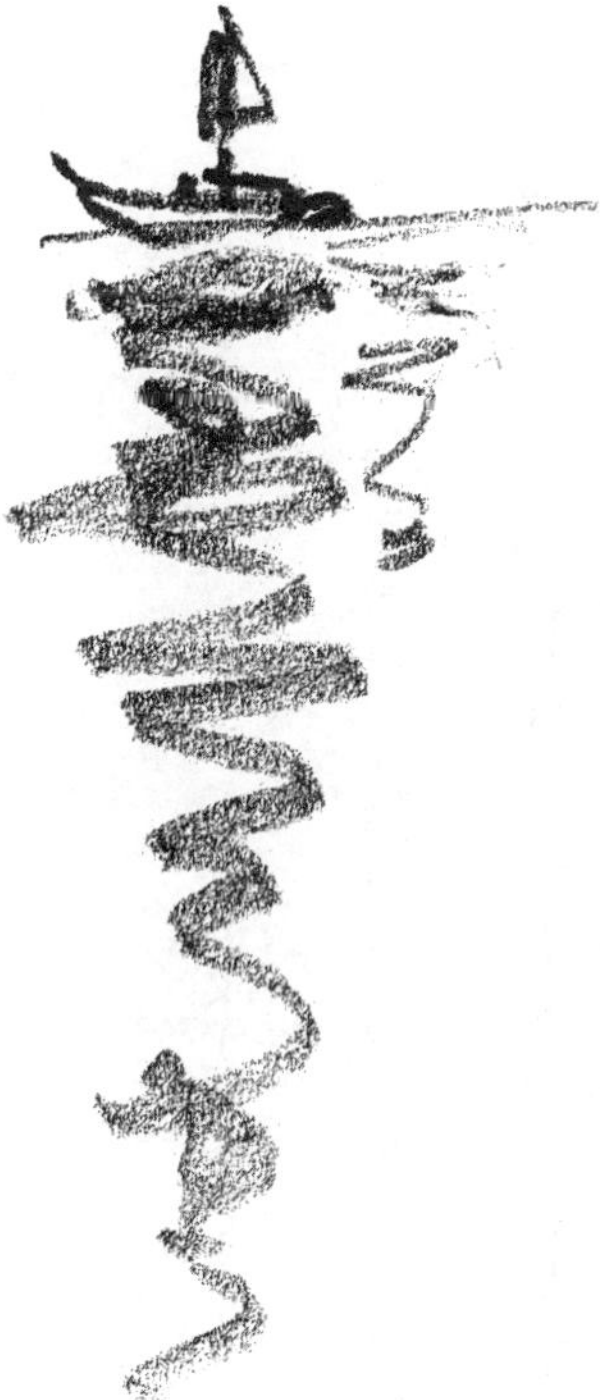

解説

佐久間文子（文芸ジャーナリスト）

わたぶんぶん。おなかいっぱい、を意味する沖縄の言葉の響きはとてもかわいい。

「わたしの『料理沖縄物語』」という副題を持つこの小さな本がわたしは大好きで、今回、文庫本になって多くの読者に届けられると聞いて、うれしくなった。この本の魅力について解説を書けることも同じくらいうれしい。

わたしはもと新聞記者で、与那原さんとは取材を通して知り合った。与那原さんはわたしが勤めていた新聞社の書評委員をしてくださっていたことがあり、わたしは書評担当記者のひとりだった。

そのときの委員の方たちはとにかく仲が良かった。月に二回、委員会のために新聞社に集まってもらうのだが、委員会が終わって食事をすませると、社内のバーで飲み、その後、さらに銀座の地下の穴倉みたいなバーに出かけて飲み続けた。与那原さんをはじめとして、当時のメンバーには酒飲みが多かった。

みなさんそれぞれ忙しかったはずなのに、会議で会うだけでなく、休みの日に誰かの家に集まって飲むこともあり、そういうときは、飲めないひとも参加した。

与那原さんのマンションにみんなで押しかけたこともある。

この本に出てくる、珍しいごちそうの「みぬだる」も、与那原さん家で食べさせてもらったことがある、というのはちょっと自慢だ。黒ごまをまぶして蒸しあげられた豚肉が大皿に美しく並べられ、テーブルに運びこまれた瞬間。あの日の宴会のクライマックスは、間違いなく「みぬだる」だった。

初めていただく「みぬだる」はふんわり優しく、からだにすっと沁みとおるような味がした。ぎゅう詰めになって待ち構える客（七、八人はいたと思う）に、手際よく料理を出し、手間暇かかる大ごちそうまで用意してくれていたのに、本にも書かれているように、与那原さんはふつうにみんなの会話にも参加していたし、いつも通り豪快に酔っ払っていた気もする。

おいしい手料理ですっかり「わたぶんぶん」になったわたしたちは、夜が更けるまできげんよく飲み続け、話し続けた。話の内容は何ひとつ覚えていないのが無念だが、楽しい時間をすごしたことは忘れられない。

『わたぶんぶん』にはおいしそうな料理がいろいろ登場する。すば（沖縄そば）やじーまみ豆腐、らふてぇといった、なじみのある料理もあれば、前出の「みぬだる」のようにめったに食べられない家庭料理もある。ソーミンチャンプルーは知っていても、沖縄のひと以外で、ソーミンプットゥルーを食べたことがあるひとは少ないのではないだろうか。

与那原さんのご両親は沖縄出身だが、与那原さん自身は東京で生まれ育っている。ご両親はともに、与那原さんがまだ十代のときに亡くなっているから、与那原さんと沖縄のあいだにほんの少し、距離がある。与那原さんの中の「沖縄」は、もとからあったもの、ではなく、そのほとんどは、自分から動いて出会ったものだ。

どの料理にも、一緒に食べたひととの幸福な時間が結びついている。

本の始まりと終わりは、新宿・成子坂下にあった沖縄料理屋「壺屋」の店主、大嶺ヨシ子さんだ。

姉と一緒にはじめて「壺屋」を訪れたとき、与那原さんは二十代のなかばだった。店主との会話もはずまなかったが、ヨシ子さんから「あんたたち沖縄の子なの？」と聞かれ、思いがけない事実が明らかになる。ヨシ子さんと、与那原さんたちの母里々《りり》さんとは、女学生のころからの友だちだったのだ。

こんな偶然があるだろうか。

与那原さんの『美麗島まで』という本が出たとき、カバーに使われている女学生時代の里々さんの写真を見てびっくりした。黒々とした大きな目が、与那原さんにそっくりなのだ。姉妹が店に入ってきたとき、もしかしたらヨシ子さんは、なにか感じていたかもしれない。里々さんが結びつけたとしか思えない出会いをへて、ヨシ子さんの「壺屋」は、与那原さんにとって特別な場所になっていく。

たいせつな人の記憶は、ことごとく料理と結びついている。母方の大叔父で画家の南風原朝光《はえばるちょうこう》や、母方の祖父の三番目の妻だった登美さん、登美さんの兄で、祖父の友人、『料理沖縄物語』の著者でもある古波蔵保好《こはぐらほこう》といった人々の肖像は、いずれも忘れがたい。ひとに頼らず甘えず、自分の道を見つけて進み、とことん優しいひとたちだ。

そして、まだ十代の末娘を残して逝ってしまった両親のこと。東京に出た母を追って、故郷を出た父。からだが弱く、料理が下手だった母と、料理上手だった父。最愛の妻を失って、酒を飲み続ける父。その父と、ふたりで暮らす娘の自分。淡彩画のように描かれてはいるが、とても苦しい時間だったはずだ。両親が亡くなって、途切れてもおかしくなかった沖縄とのつながりを、与那原さんはゆっくり結び直す。料理はそのとき、かたわらにあった。

仕事を通しての出会いも多い。

なかなか連絡のつかない、奄美の唄者・貴島康男《きじまやすお》さんは、与那原さんに「いつでも会えるような気がしているから、ふたりには連絡しないんだよ」と言う。二人というのは与那原さんと、コンビを組んでいるカメラマンの矢幡さんのことで、信頼され愛されているなあと思う反面、取材にはとんでもなく長い時間がかかっているんだろうなと心配にもなる。

この本を再読して改めて気づいたことだが、ノンフィクションを書くことを仕事にしていながら、与那原さんは、書くためにだれかと会っているわけではないらしい。

だれかに出会い、そのひとのことをもっと知りたいという気持ちがまずあって、何度も何度もくりかえし会う。一緒にご飯を食べ、酒を酌みかわす。なるべく自然の流れに任せ、決して無理はしない。たっぷり時間をかけ、関係を築いてから、しゃんと背筋を伸ばして書き始める。

「おいしい『あんだぁ』を用意することだね」という「壺屋」のヨシ子さんの言葉がよみがえる。沖縄の料理の基本は豚の「あんだぁ」、脂《あぶら》だ。沖縄の言葉で「てぃあんだぁ」は手の脂で、「てぃあんだぁ」はすべての料理をおいしくするという。

文章も、料理と同じで、たぶんこの「てぃあんだぁ」がたいせつなのではないか。『わたぶんぶん』をとりわけ面白く、豊かさを感じるのも、「てぃあんだぁ」のうまみを舌が感じとっていたからだと思う。

あとがき

ある日、山のなかの家で沖縄料理の話をあれこれしていると、それを書いてみたら、と言われたのがこの本のはじまりです。書きだしてみると、いろいろなひとたちに出会っておもしろいことがたくさんあったなぁとつぎつぎに思いだしていました。料理の記憶とは、ひとと過ごした時間のことなのだと気づきました。この本に登場するひとたちのなかにはもう会えないひともいます。そして美しい光景や愛しい店はすでに失われたものも多くあります。けれど、わたしのなかにはあたたかいままあるのです。

西田書店の日高徳迪さんと丁寧な編集をしてくださった関根則子さん。おふたりと、挿絵と装丁をしてくださった猫車配送所所長さんに心よりお礼を申し上げます。副タイトルの『わたしの「料理沖縄物語」』は、大伯父の古波蔵保好の著書からとりました。大好きだった保好おじさまに、わたしからのアンサーソングをつづりたかったのです。

文庫版あとがき――十二年の歳月

単行本『わたぶんぶん　わたしの「料理沖縄物語」』が刊行されたのは二〇一〇年三月でした。きっかけを作ってくださったのは、猫車配送所所長こと、作家・評論家の松山巖さんです。熱海の山の中に松山さんのすてきな別荘があって、そこへ私の親友でカメラマンの矢幡英文さんと一緒にしょっちゅう遊びに行っていたのです。山をぷらぷらと下り温泉につかってからスーパーで食材を買い、あれこれ料理をしました。夜にお酒を飲みながら沖縄料理のことなどいろいろ話していると、松山さんがそれを書きなさいよ、と言い、すぐさま西田書店の日高徳迪さんに出版の話を通してくださいました。しばらく原稿を書かずにいましたけれど、ある日の朝、突然書ける気になり、ひと月で書きあげたのです。

そのとき、「壺屋」のおばちゃん、大嶺ヨシ子さんが他界して十年が過ぎていて、鮮明だった彼女との記憶が少しずつ薄れてしまうのがこわく、今のうちに書いておかなければ、という気持ちもつよかったように思います。遅筆の私が珍しくすらすら書けたのは、矢幡さんがいたからで、彼に話すように書き進めていったのです。ひらがなを多用したのはそのときの気分でした。松山さんが描いてくださった挿画は、その場にいたのかと思うほど躍動的なタッチで、うれしくなりました。

矢幡さんと知り合ったのは、ボリビア旅行から戻った一九九二年、初夏のことでした。共通の友人を介して会ったのですが、彼は沖縄音楽のライブ会場で私をよく見かけていたといい、「ゆらてぃく組」の東京公演でも私を見ていたそうです。彼は沖縄音楽好きで、ネーネーズをプロデュースした知名定男さんと親しく、ファーストアルバム『ＩＫＡＷＵ』の制作にも参画していたと知ったのはのちのことです。初めて会ったその日に、ゆらてぃく組の話で盛り上がり、東京在住のゆらてぃく組メンバーに会うとき一緒に行きますか、と誘いました。ノリのよい矢幡さんはメンバーとすぐに親しくなり、ほどなく石垣島のお盆に私と一緒に行くことになりました。本書の白保の獅子舞の場面には彼もいて、獅子にぐいぐい近づいて撮影していたときの矢幡さんがハーフパンツにゴムぞうりだったことをありありと思い出します。

そのとき那覇に立ち寄り、矢幡さんの婚約者を紹介されました。ふたりはほどなく結婚。やがて男の子が生まれ、家族そろって私の家によく遊びにきてくれました。私と矢幡さんはとても気が合い、年から年中会っては町歩きをしたり、ライブに行ったり、友人たちを巻き込んでライブを運営したり、映画を観たり、美術展に出かけたり、お酒を飲んではおしゃべりしていました。壺屋にも誘い、彼はおばちゃんにとても気に入られていました。互いの友人を紹介し合い、みんなでわいわい宴会を楽しんだことも数知れません。矢幡さんも私と同じく食いしん坊でおいしい店を見つけては誘ってくれました。

そして彼と組んだ仕事がたくさんあります。沖縄や奄美に出かけたくなると、矢幡さんと企画をひねりだして、雑誌編集部と交渉し実現させました。私は原稿を書くのが遅いくせに企画書をまとめるのは速いのです。旅をしたい、という一念がそうさせたのかもしれません。沖縄や奄美取材が多かったのですが、そのほか都内各所や日本各地、韓国などでの仕事もありました。

何より矢幡さんの写真がとても好きでしたし、取材のときの彼の態度がすばらしく、どんな仕事もスムーズに進むことをありがたく思っていました。一日の取材が終わるとお酒を飲みながら、彼を相手に記事をどうまとめようかと話すうちに、かたちが見えてきました。カメラマンと書き手は見ているものがちがい、彼の視点もよい刺激になっていたのです。私たちはよいコンビでした。

本書に「友だち」として登場するのはたいてい矢幡さんのことですが、あえて名前を書かなかったのは、身内のような存在だったからです。彼は大分県生まれですが、どこかで血がつながっているような気さえして、私たちの関係を「親戚以上、兄妹未満」と定義づけたのでした。

沖縄取材のおりに彼と「美榮」で食事をしたとき、ちょうど古波蔵保好、保好おじさまがいらして、食事のあとお茶とお菓子をいただきながら戦前の那覇の様子などを聞き、話がはずみました。二〇〇一年におじさまが世を去る四年ほど前のことです。その後、美榮を継いだ古波蔵徳子さんと仲良くし、おじさまのことをあれこれ聞かせてもらっています。

おじさまがイタリアで仕立てたスーツにボルサリーノをかぶっているすてきな肖像写真を彼女に譲られ、私の部屋に飾っているのですが、だらしない生活をしていてはおじさまに叱られるような気がして、せっせと掃除をするようになったのはわれながら大きな変化でした。徳子さんから登美おばさまが愛用していたというウールのひざ掛けももらいました。オリーヴグリーンの千鳥格子柄のスコットランド製で、晩年、病床にあったころによく使っていたものだそうです。たぶん保好おじさまが愛する妹のために、旅先のロンドンで買い求めたものでしょう。私は冬の寒い日、ほんわりと温かいウールをひざに掛け仕事をしていますが、優しい登美おばさまに見守られていると感じるのです。

美榮は現在「沖縄美《ちゅ》ら島財団」の研究組織「琉球食文化研究所」が経営を担い、徳子さんも参加して琉球料理の伝統を継承する調査・研究活動を行っています。建物は赤瓦を葺き替え、内部は丁寧な修理が施されました。美榮を未来につなげる重責を果たした徳子さんには頭が下がるばかりです。

ミュージシャンの新良《あら》幸人《ゆきと》さん、幸人とは那覇でときどき会っています。泡盛を酌み交わし、爆笑ものの話を聞かせてもらうのですが、会うたびに新ネタを披露してくれ、ゲラゲラ笑い転げるのです。そういえば、「酔ｉｎｇ」を経営していたミノルさんに、『わたぶんぶん』が出版されてしばらくしたころに会いました。首里で駄菓子屋をやっているという噂を聞きつけ訪ねたのですが、以前と変わらない明るい笑顔で迎えてくれました。コドモ相手の商売とは意外でしたけれど、学校帰りの小学生や塾を終えたあとの中学生でにぎわっていました。ミノルさんは「いまの子どもたちは塾のスケジュールで大変なのよ。家でも学校でも塾でもない駄菓子屋で息を抜きたいみたいねえ。恋の悩み相談にも乗っているよ」と言っていました。酔ｉｎｇのころのようなミノルさん、頼れるにーにーでした。それから奄美にも行っています。一年半ほど前、奄美で貴島康男さんの消息を尋ねたのですが、鹿児島にいるらしいとのことでした。やっぱりなかなかつかまりません。

那覇は再開発が進み、風景が変わりつつあります。いかすみ汁がおいしかった「清《きよ》ちゃん」があったあたりを近頃歩きました。木造の建物でしたから、もう取り壊されてしまっただろうなと覚悟していたのですが、建物は残っていました。いまはサンシンの工房となっているようでしたが、外観は以前のまま、厨房があったところの網戸も変わらず、うれしくなって声をあげてしまいました。いかすみ汁の日におばあさんたちがそろって楽しそうにしていた様子が一気によみがえりました。たくさんの人たちが語り合い、食事をした記憶の場。いまはサンシンの音色が優しくつつんでいるのでしょう。

『わたぶんぶん』を書いたあと、私は『首里城への坂道　鎌倉芳太郎と近代沖縄の群像』の執筆に集中しました。大正末期から昭和初期にかけて「琉球芸術調査」をし、多くのガラス乾板写真を残した鎌倉芳太郎（香川県出身）の評伝です。彼が守りつづけた膨大な写真は一九七二年の沖縄の本土復帰の年、首里につづいて都内でも展覧会が開かれました。私は父に連れられて行ったのですが、彼が幼少期を過ごした時代の首里や那覇が鮮やかにとらえられた写真の中に、自分の姿を探すようにじっと見つめていたことが忘れられません。父がよく語った戦前の首里城の写真もありました。鎌倉の調査や写真が重要な手がかりとなって首里城正殿が復元されたのは一九九二年でした。

赤く彩られた美しい城を何度も訪れていた私は、鎌倉の調査と彼の生涯を描くことを決め、東京での資料調査や取材をしながら沖縄にも通いました。この評伝をまとめるには、沖縄生まれではない私だからこそ持つ客観的な視点が役立つと感じていました。それは、鎌倉が調査の際に意識していた視点とも重なるように思えたのです。『首里城への坂道』は二〇一三年に出版されました。

この仕事をしながらも矢幡さんとの仕事もつづいていました。けれど雑誌の売り上げが大きく減少していき、カメラマンの仕事環境が厳しくなっていきます。そこで彼は大きな決断をしたのです。料理上手の妻とともに飲食店を開くことにし、二〇一六年二月、世田谷区にオープンさせました。食いしん坊の彼は飲食店の撮影も多くこなしてきたので、その経験も生かしたすてきな店になりました。店の経営をしながら写真の仕事もしていて、二〇一六年に『首里城への坂道』が文庫化されたとき、表紙撮影のため一緒に沖縄に行きました。首里で撮影し、連日あちこちの店で食べ、飲み、古波蔵徳子さんにごちそうにもなり、楽しい時間を過ごしました。

それが彼との最後の沖縄行きになってしまうのです。

翌年秋、矢幡さんの血液検査の結果が思わしくなく、治療がはじまりました。店の仕事もしていましたが、ついに入院することになりました。それでも私は彼の快復をつゆほども疑わず、矢幡さん自身もそう信じていたのです。入院中の彼は明るさを失うことなく、冗談を言って笑わせてくれました。しだいに病状は悪化していきましたが、これを乗り越えればきっと大丈夫と自分に言い聞かせていました。二〇一九年の夏が終わるころ、ベッドに横たわる矢幡さんは冷たいものが食べたいと言い、アイスキャンディを用意したのですが、一口二口かじって「もういらない、ヨナハラ食べて」と私にくれました。そのアイスキャンディは私の胸に冷たくしみていきました。その数日後、意識が遠のくことが多くなった矢幡さんが、私に手を差し伸べてきて、私たちは長い、長い握手をしたのです。九月二十八日、彼は息を引き取りました。

私は両親を早くに亡くしたこともあり、悲しみや辛さに対する耐性があるほうだと思います。けれど矢幡さんを失ったことは、これまで感じたことがない胸をえぐられるような痛みでした。この世に彼がいないことなどとうてい受け入れられません。それでも葬儀を終えた一月後、矢幡さんが亡くなったことを彼と親しくしていた人たちに告げなければならず、私は那覇へ向かいました。幸人に会う約束をしたその日、首里城に火災が発生し正殿が焼失。この城がよみがえったのは、矢幡さんと出会った年ですが、その焼失を彼が世を去ったのと同時に見るとは……言葉を失いました。彼と笑い合った二十七年の歳月が炎につつまれてしまったのだと思えてなりませんでした。

　それからの私は何もする気になれず、何を食べても味を感じなくなりました。アイスキャンディの冷たさがずっと胸に残ったままのようでした。矢幡さんは夢にもあらわれてくれません。呆然とするばかりの私でしたけれど、彼の妻は悲しみをこらえて夫が愛《いと》しんだ店をつづけることを決意し、日々おいしい料理をつくりはじめました。息子さんがお母さんを支えていて、没後一年めには店で矢幡英文写真展を開催。店の常連さんたちや矢幡さんの友人たちがこぞって集まり、たくさんの花が届けられました。命日の九月二十八日は「コンニチハ」（彼がくれた手紙の冒頭はいつもこの言葉でした）とも読めるので、店では毎年この日を「コンニチハの日」とし、矢幡さんが好きだった料理を特別メニューとして提供するそうです。

　彼が亡くなって二年が過ぎようとしていたある日、ようやく夢に矢幡さんがあらわれました。ぼんやりとした白い空間で、彼が「おー、ヨナハラ」と呼びかけ、宴会らしき場に誘ってくれました。男女数人がにこにこと笑いながらテーブルを囲んでいて、矢幡さんがそのひとりひとりを私に紹介してくれるのです。お友だちがたくさんいるのね、と言うと、彼は「うん、そうだよ。おれ、こっちも長くなったからね。ヨナハラは楽しくやってる？」と言って笑い、すうっと消えてしまいました。

天国の彼に心配させてしまったのだな、それで夢に出てくれたのだと思いました。単行本『わたぶんぶん』が出版されたとき、よもや矢幡さんが私のそばにいない十二年後になっているとは想像もしませんでした。それでも彼と過ごした日々もこの一冊に残しておいてよかったと思います。

このたび文庫化のお話を講談社の鈴木薫さんからいただき、地味な本なのにいいのかしら、と思いつつも、ありがたくお引き受けしました。メールのやりとりから察するに鈴木さんもかなりのガチマヤーでしょう。彼女のご尽力で古波蔵保好『料理沖縄物語』も三十二年ぶりの文庫になります。肖像写真の保好おじさまもよろこんでいるようです。

本書の表紙に奈良美智さんの絵をお願いしたのは、私のたっての希望でした。私と矢幡さんは奈良さんの作品のファンで、画集を一緒に見ていたのです。面識もありませんのに、お引き受けくださった奈良さんに心より感謝申し上げます。ほんとうに満ち足りた表情の少女がすてきです。この少女はどんな未来を歩むのだろう、と思いをはせています。そしてデザイナーの岡本歌織さんにもお礼申し上げます。

解説の佐久間文子さんもありがとうございます。いつも酔っぱらっている私にお付き合いいただいていますが、これからもどうぞよろしく。最近、「ふーちゃんぷる」をうまくつくれるようになりました。食べにいらしてくださいね。

二〇二二年三月、明るい日差しの日に

与那原　恵

本書は二〇一〇年三月に西田書店より単行本として
刊行され、文庫化に際し一部加筆・修正しました。

|著者| 与那原 恵　1958年東京都生まれ。ノンフィクション作家。『赤星鉄馬　消えた富豪』『帰る家もなく』『美麗島まで　沖縄、台湾　家族をめぐる物語』『まれびとたちの沖縄』『街を泳ぐ、海を歩く　カルカッタ・沖縄・イスタンブール』など著書多数。『首里城への坂道　鎌倉芳太郎と近代沖縄の群像』で第２回河合隼雄学芸賞、第14回石橋湛山記念早稲田ジャーナリズム大賞（文化貢献部門）受賞。

わたぶんぶん　わたしの「料理《りょうり》沖縄物語《おきなわものがたり》」

与那原《よなはら》 恵《けい》

2022年４月15日第１刷発行

発行者――鈴木章一

発行所――株式会社　講談社

東京都文京区音羽2-12-21　〒112-8001

電話 出版（03）5395-3510
　　 販売（03）5395-5817
　　 業務（03）5395-3615

Printed in Japan

講談社文庫

定価はカバーに
表示してあります

KODANSHA

デザイン―菊地信義

本文データ制作―講談社デジタル製作

印刷―――株式会社KPSプロダクツ

製本―――株式会社国宝社

ISBN978-4-06-527648-8

JASRAC 出 2202202-201

講談社文庫刊行の辞

二十一世紀の到来を目睫に望みながら、われわれはいま、人類史上かつて例を見ない巨大な転換期をむかえようとしている。

世界も、日本も、激動の予兆に対する期待とおののきを内に蔵して、未知の時代に歩み入ろうとしている。このときにあたり、創業の人野間清治の「ナショナル・エデュケイター」への志を現代に甦らせようと意図して、われわれはここに古今の文芸作品はいうまでもなく、ひろく人文・社会・自然の諸科学から東西の名著を網羅する、新しい綜合文庫の発刊を決意した。

激動の転換期はまた断絶の時代である。われわれは戦後二十五年間の出版文化のありかたへの深い反省をこめて、この断絶の時代にあえて人間的な持続を求めようとする。いたずらに浮薄な商業主義のあだ花を追い求めることなく、長期にわたって良書に生命をあたえようとつとめるところにしか、今後の出版文化の真の繁栄はあり得ないと信じるからである。

同時にわれわれはこの綜合文庫の刊行を通じて、人文・社会・自然の諸科学が、結局人間の学にほかならないことを立証しようと願っている。かつて知識とは、「汝自身を知る」ことにつきていた。現代社会の瑣末な情報の氾濫のなかから、力強い知識の源泉を掘り起し、技術文明のただなかに、生きた人間の姿を復活させること。それこそわれわれの切なる希求である。

われわれは権威に盲従せず、俗流に媚びることなく、渾然一体となって日本の「草の根」をかたちづくる若く新しい世代の人々に、心をこめてこの新しい綜合文庫をおくり届けたい。それは知識の泉であるとともに感受性のふるさとであり、もっとも有機的に組織され、社会に開かれた万人のための大学をめざしている。大方の支援と協力を衷心より切望してやまない。

一九七一年七月

野間省一

講談社文庫　目録

芥川龍之介　藪の中
有吉佐和子　新装版 和宮様御留
阿刀田　高　ナポレオン狂
阿刀田　高　新装版 ブラック・ジョーク大全
安房直子　春の窓〈安房直子ファンタジー〉
相沢忠洋　「岩宿」の発見〈幻の旧石器を求めて〉
赤川次郎　偶像崇拝殺人事件
赤川次郎　人間消失殺人事件
赤川次郎　三姉妹探偵団
赤川次郎　三姉妹探偵団2〈キャンパス篇〉
赤川次郎　三姉妹探偵団3〈珠美・初恋篇〉
赤川次郎　三姉妹探偵団4〈怪奇篇〉
赤川次郎　三姉妹探偵団5〈復讐篇〉
赤川次郎　三姉妹探偵団6〈危機一髪篇〉
赤川次郎　三姉妹探偵団7〈駈け落ち篇〉
赤川次郎　三姉妹探偵団8〈人質篇〉
赤川次郎　三姉妹探偵団9〈青ひげ篇〉
赤川次郎　三姉妹探偵団10〈父恋し篇〉
赤川次郎　死が小径をやってくる〈三姉妹探偵団11〉
赤川次郎　死神のお気に入り〈三姉妹探偵団12〉
赤川次郎　次女と野獣〈三姉妹探偵団13〉
赤川次郎　心地よい悪夢〈三姉妹探偵団14〉
赤川次郎　ふるえて眠れ、三姉妹〈三姉妹探偵団15〉
赤川次郎　三姉妹、呪いの道行〈三姉妹探偵団16〉
赤川次郎　三姉妹、初めてのおつかい〈三姉妹探偵団17〉
赤川次郎　恋の花咲く三姉妹〈三姉妹探偵団18〉
赤川次郎　月もおぼろに三姉妹〈三姉妹探偵団19〉
赤川次郎　三姉妹、ふしぎな旅日記〈三姉妹探偵団20〉
赤川次郎　三姉妹、清く貧しく美しく〈三姉妹探偵団21〉
赤川次郎　三姉妹と忘れじの面影〈三姉妹探偵団22〉
赤川次郎　三姉妹、舞踏会への招待〈三姉妹探偵団23〉
赤川次郎　三人姉妹殺人事件〈三姉妹探偵団24〉
赤川次郎　三姉妹、さびしい入江の歌〈三姉妹探偵団25〉
赤川次郎　静かな町の夕暮に
赤川次郎　キネマの天使〈レンズの奥の殺人者〉
新井素子　グリーン・レクイエム〈新装版〉
安能務 訳　封神演義 全三冊
安西水丸　東京美女散歩
綾辻行人　殺人方程式〈切断された死体の問題〉
綾辻行人　鳴風荘事件 殺人方程式II
綾辻行人　十角館の殺人〈新装改訂版〉
綾辻行人　水車館の殺人〈新装改訂版〉
綾辻行人　迷路館の殺人〈新装改訂版〉
綾辻行人　人形館の殺人〈新装改訂版〉
綾辻行人　時計館の殺人〈新装改訂版〉
綾辻行人　黒猫館の殺人〈新装改訂版〉
綾辻行人　暗黒館の殺人 全四冊
綾辻行人　びっくり館の殺人
綾辻行人　奇面館の殺人 (上)(下)
綾辻行人　どんどん橋、落ちた〈新装改訂版〉
綾辻行人　緋色の囁き〈新装改訂版〉
綾辻行人　暗闇の囁き〈新装改訂版〉
綾辻行人　黄昏の囁き〈新装改訂版〉
綾辻行人ほか　7人の名探偵
我孫子武丸　探偵映画
我孫子武丸　新装版 8の殺人
我孫子武丸　眠り姫とバンパイア

講談社文庫　目録

2022年 3月15日現在